エンパワーメント人材戦略

地域に愛される企業の「社員育成と経営」

関野吉記
株式会社イマジナ
代表取締役社長

KADOKAWA

はじめに

「人」が倒産の理由となる時代

「従業員が足りない」
「人」にまつわる経営難が全国で急増しています。

2018年には、有効求人倍率が44年ぶりの高水準を記録したというニュースがありました。帝国データバンクが行った「人手不足倒産に対する企業の動向調査」によると、2019年の人手不足倒産は4年連続で過去最多を更新。

「人材不足」を感じる企業も増えており、2020年は新型コロナウイルスの感染拡大の影響により減少するも、2022年の調査では約半数の企業が人材不足感がある、と回答し、2020年2月に新型コロナウイルスの感染が拡大し始める前と同水準の数値を示しました。

労働需給が逼迫《ひっぱく》する中、従業員の離職や採用難などの人手不足が原因の収益悪化で倒産する企業が全国で急増。

とくに慢性的な人手不足が続くホテル・旅館、介護、建設などの業種を中心に倒産ラッシュも発生しています。

日本経済では円安トレンドが進んでおり、とくに地方では人口減少は深刻化。

社会的に働き方の多様化が進むことへの企業の対応も求められているでしょう。

テクノロジーの面では、AI（人工知能）・IoT（モノのインターネット）やデジタル化が進み、これらの技術を扱える人材の確保も考えなければなりません。

全国であらゆる企業が人材確保に悩み、苦境に立たされています。

今の経営は「人」を中心に大きく動いているのです。

企業価値を決定づける「人の力」

ここで世界を見てみると、**経済成長する企業の大きなトレンドに「無形資産化」を見ることができます。**

無形資産とはまさに、「人の力」です。

有形資産というのが、不動産や工場の機械設備、金融資産などの目に見える資産であれば、特許や商標など人が生み出すアイデア、人が持つ能力や経験、そして人への教育や投資の仕組みといった目に見えない資産が無形資産です。

無形資産こそが企業価値を決める時代がやってきています。

次ページの図は米国の知的資本投資銀行Ocean Tomo（オーシャントモ）のレポートをもとに作成した、日米の企業価値に占める無形資産割合を示すグラフです。

これによると、2020年時点でアメリカS&P500を構成する500社は、

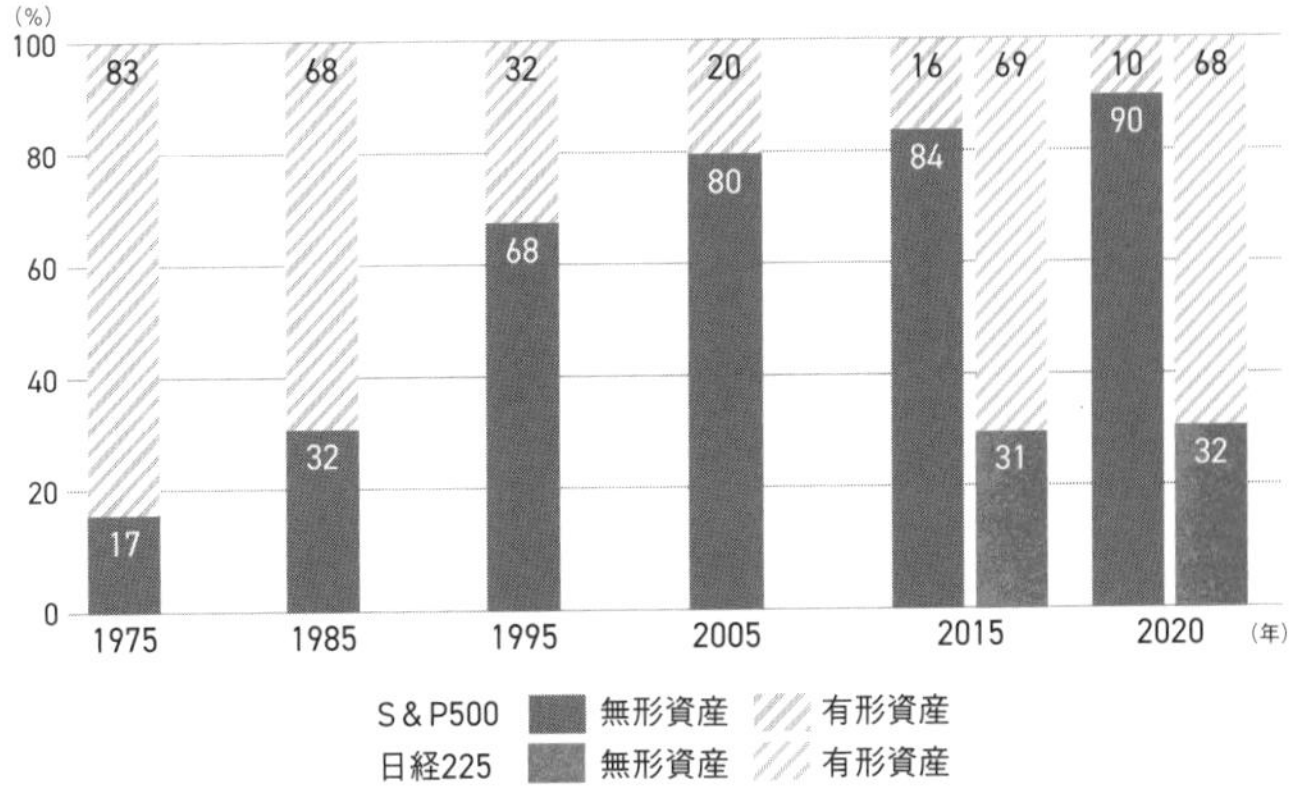

日米における、企業価値に占める無形資産割合
(出所) Ocean Tomo Intangible Asset Market Value Studyに基づき作成

企業価値に占める無形資産の割合が90％もあります。

一方の日経平均株価を構成する日本企業では32％しかありません。

ちなみに、1975年時点では、S＆P500の企業が占める無形資産の割合は2割にも満たないほどでした。

有形資産から無形資産への移行は、企業価値を決定づける大きなトレンドと見ることができます。

この世界規模のトレンドに、日本企業が対応できていないことがよくわかります。

人の時代の「エンパワーメント人材戦略」

「人」をとりまくあらゆることに変化が生じています。

世界的なトレンドを見ても、変革が急務であることがわかります。
不動産でも金融でも設備投資でもなく、「人」が経営の中心となる時代です。

では、私たちは何をしたら良いのでしょうか？
変化に乗り遅れた日本企業がキャッチアップすべきは何でしょうか？

本書は、次世代の組織作りに必要な考え方として、「エンパワーメント人材戦略」となる次の３つの方針を提案します。

①あらゆる事業を「人」を中心に組み立て直すこと
②「人の役に立ちたい」「社会に貢献し、よりよい未来を作りたい」という志から生ま

れる人の力を最大限に引き出すことで、企業利益の最大化や成長を達成すること

**③「人」とは、企業内部の従業員だけではなく、取引先の関係者や顧客までを含め
た、事業にかかわるすべての人を対象として考えること**

1つ例を挙げます。

本文中でも事例として紹介する、私たちのクライアントである老舗旅館「石和《いさわ》名湯館 糸柳」は、他の旅館同様、新型コロナウイルスの打撃を受けていました。

また、旅館業は慢性的に人手不足が続く苦しい業界の1つでもあります。

この苦しい状況から立ち直るために糸柳は、自分たちの使命を「おもてなしの心を感じてもらう」とし、「こころ動かす、工夫がある。」を掲げました。

「温泉ビジネス」でも「旅館ビジネス」でもなく、お客様と従業員がご縁を結ぶ「おもてなしビジネス」として自分たちのビジネスを捉えたのです。

「こころが動く」とはどういうことか？

どのような瞬間に生じるのか？

癒しやくつろぎの本質がつまり「こころが動くこと」ではないか？

……など、**従業員とお客様が共に探ることのできるコンセプトを掲げた**のです。


コンセプトを受けて糸柳では、従業員1人ひとりが「お客様のこころを動かすためにはどうすればいいか」を考え、仮説を立てて検証する行動が生まれました。

実践するうちに、次第に、お客様からも「糸柳で過ごして、〝こころが動く〟とは何か、に気づきました」「愉《たの》しみと、癒しを感じた。また来たい」という声をいただけるようになってきます。

さらに従業員の中では、「お客様にもっともっと満足してもらいたい、そのためにはどうしたら……」と、自発的に仮説が検証され、深められ続けていきました。


結果として糸柳にはリピーターが多くつき、コロナ禍の窮地を見事に脱出。

地元のお客様をはじめ、遠方にもファンを作ることに成功します。

糸柳は、お客様から「選ばれる」旅館になったのです。

つまり、従業員のやりがいが引き出されることで、まず従業員の中に理念が浸透し、想いに基づいたサービスを提供できるようになる。

そして、お客様にサービスの価値が届いた結果、最後にビジネスも成長する。

成功体験を得て、従業員のやりがいはさらに深まっていく……。

こうした循環が生まれたのです。

「温泉」「旅館」という自社サービスに限った視点から、従業員や顧客まで共に追求することのできるコンセプトへ。

〝自社の事業を質的に転換すること〟で、大きく組織が動いていったのです。

人は誰しも、「人の役に立ちたい」「社会に貢献し、よりよい未来を作りたい」と心の内側から湧き出てくる強い想いを抱いています。

それは、その人の存在意義にもつながる強い力です。

この**強い「人の力」は、人の志と仕事がリンクすることで引き出されます。**
そのためには、糸柳でいう「こころ動かす、工夫がある。」のような、人の志と仕事をリンクさせるためのコンセプトの言語化も重要です。

「人の力」を引き出すことが企業の成長と利益につながる。
その利益は従業員そして顧客にも還元され、成長と報酬になるのです。
そうすると企業はもっと多くのことにチャレンジできるようになります。

かつて企業にあった「作って、売って、終わり」から、『人の力』を引き出し続ける」ループ構造へシフトしましょう。
人の力を引き出し、ビジネスに接続することを私は「エンパワーメント人材戦略」と呼んでおり、この考え方を伝えることが本書の役割なのです。

本書は次のように構成されています。
第1章では、エンパワーメント人材戦略とは何かを説明し、第2章ではそのための考え方をお伝えします。

人は「人件費やコストとして消費される経営資源」ではなく、「企業成長のかなめとなる経営投資の対象」である。

この考え方のシフトがこれらの章の目的です。

第3章では、人の志と仕事をリンクさせ、人の力を引き出すために重要なコンセプト作りのノウハウを紹介します。

企業の再設計のために重要となるのが、従業員から顧客まで、関係する人すべてを巻き込むための、魅力的な言葉作りです。

「人」はなにも従業員だけではありません。

外部の顧客にも届く言葉を作り、「人」を巻き込みます。

第4章では、**実際にエンパワーメント人材戦略を実施した企業の事例を紹介**します。

それぞれの業界でどのように成功できたか、その参考としてお読みいただけるようにしています。

最後の第5章では弊社イマジナの事例をもとに、具体的な採用の手法を紹介します。

2700社を超える企業を導いた、そのノウハウ

私のことを何者なのかと思う方もいらっしゃるでしょう。

私は、株式会社イマジナという企業で主にブランディングに関するコンサルティングを行っています。

London International School of Actingを卒業してからイマジネコミュニカツオネに入社し、サムソナイトなど多くのコマーシャル、映画製作を手がけていました。ですので、もともとは舞台や演出の仕事からキャリアをスタートさせています。

その後、日本企業が海外進出をする際に「人」が課題となっていることを痛感し、ニューヨークで人事コンサルティング業を開始。

株式会社イマジナを設立しました。

今は拠点を日本に移し、人事領域に留まらず、経営戦略におけるブランディングコンサルティングを行っています。

これまでに2700社以上の企業のブランディングにかかわり、企業を対象にしたブランディング戦略セミナーも年間150回以上、全国で開催して、多くの企業の事業成長のご支援をさせていただきました。

新型コロナウイルスの流行時はwebでの開催もしておりましたが、まん延防止等重点措置が解除となってからは、再び日本列島の北から南まで直接足を運び、経営陣や行政の方々とも対面で議論しながら仕事を行っています。

都心にある大手企業の改革も地方にある中小企業の改革も、隔たりなくいずれも多く経験しています。

この経験から断言しますが、問題は規模や所在地などではないのです。

大切なのは、その企業・地域・人が作り出すオリジナリティとどれだけ向き合い、カスタマイズした設計ができるかです。

「人」を中心に考えるからこそ、一辺倒な万能薬を安易に求めてはいけません。

私も、提案する施策はそれぞれの企業に合わせてオーダーメイド。

本書で提案する「エンパワーメント人材戦略」は、こうして自ら現地に行き、そこで自分の五感を働かせながら得られた情報をもとに出来上がったものです。

エンパワーメントとは、人が持つ力を最大限に引き出すことに主眼を置きます。

それは、地域や企業のブランディングにおいても同じように、1つとして同じものはありません。

まずは**企業を動かしているのは「人」だというシンプルな原点に立ち返ること。**

そうすれば、新しい局面が見えてくるはずです。

企業と人の成長のために

多くの人々はすでにこの変化に気づき、働き方は大きく変わっています。それなのに企業が変わらないままでは、企業と人材の間に大きなギャップが生じかねません。私はこのギャップこそが昨今の人手不足における経営難の根幹であると考えています。

例えば採用にしても、ブランディングにしても、「人の変化に対応できていないから選ばれない」のです。

どの企業であっても、「人」を中心とした企業に変わることができます。

今、世界は大きく変化しています。

コロナ禍や戦争、環境、人種問題、経済不況。

経済・社会・政治・自然のあらゆる分野で暗いニュースが続き、先の見えない不安や焦りが募る中、社会課題への解決策を提示できない既存の政府やメディアのあり方に不信感を抱く方が、若い世代を中心に増えています。

そして、その**空白を埋めるかのようにブランドや企業活動への期待も高まっているように思います。**

消費者たちは、企業の活動をこれまで以上によく見ているのです。

そして、あらゆる社会課題を解決し、社会をよりよい方向に導くのは企業しかないと期待を抱いているのです。

企業は営利団体ですが、同時に社会価値を提供しなければ存在し続けられない組織でもあります。

企業の一人称で語る金銭的目的から離れ、従業員から顧客、もっと広くとれば地域コミュニティまで大きく「人」の視点を取り入れましょう。

「そもそも何のためにビジネスを行うのか？」

「ビジネスを動かしているのは何か？」

「人」という前提条件を持ったビジネスは、「金」を求める企業とはまるで違う形になります。

「ただお金儲けばかりを追求するビジネス」と「従業員も顧客も喜びを得られるビジネス」は違うのです。

企業活動のコアと「人の力」を結びつけ、組み直していきましょう。

私が代表を務めるイマジナにおいて、2700社を超える企業を導いた、そのノウハウを本書ではお伝えします。

ぜひこの本を、皆様の事業の成長に、そして事業にかかわる「人」の成長に役立てていただけましたら幸いです。

2023年2月

株式会社イマジナ代表取締役社長　関野吉記

はじめに

第1章

人の力を引き出す「エンパワーメント人材戦略」

第2章

「エンパワーメント」に必要な意識改革

第3章

「人」を巻き込むための「共通言語の作り方」

第4章

エンパワーメントに成功した企業たち

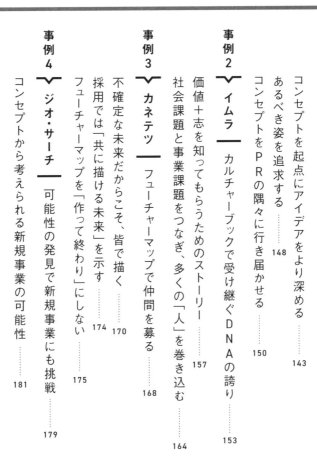

第5章

さらなる未来に向けて「エンパワーメント的採用」

ブックデザイン　小口翔平＋阿部早紀子＋須貝美咲（tobufune）
本文DTP・図版作成　エヴリ・シンク
校正　山崎春江
編集協力　山口雅之
著者エージェント　アップルシード・エージェンシー
編集　大井智水

第1章

人の力を引き出す「エンパワーメント人材戦略」

人をとりまくあらゆる変化

人が理由で倒産する人材不足倒産の増加。

人の価値が企業の最重要資産になっている昨今の世界的トレンド……など。

「はじめに」では、**人と企業をとりまくあらゆる変化**を紹介しました。

その変化の理由は何か、そしてなぜエンパワーメントなのか。

知っていただきたい考え方を、まずこの第1章ではお伝えします。

私は、現代ほど「人」という経営資源が重視されるようになった時代はないと思っています。

逆に言えば、これまで日本では人に対する過小評価が続いてしまっており、今日の経営難はその過小評価が続いているために引き起こされたと考えています。

1つひとつ順を追って説明します。

従来は財務といった資産が何よりも重要視され、金さえ回れば会社は潰れないと言われていました。

しかし**昨今では、「金」だけではなく、それ以前に「人」が集まらないために会社が回らなくなる時代が到来したのです。**

実は減少している「資金難による倒産」

帝国データバンクの調査によると、コロナ禍の影響がある2021年以降を除けば、2012年度末に上場企業の5割超が実質無借金になって以来、資金面の充実化は進んでいました。

一方で、帝国データバンクが行った「人手不足倒産に対する企業の動向調査」によると、人手不足倒産は2016年から2019年まで4年連続で過去最多を更新。

「中小企業白書」の経営課題では、「人材確保・育成」がここ10年くらいずっと上位の課題に挙がっているのです。

たとえ黒字企業でも、人手不足による倒産の危機があるのです。

ではなぜ、「人手不足倒産」が起きるほど、日本企業の「人」は足りなくなったのでしょうか？

また、「人手が足りないだけで、なぜ倒産につながるの？」と思われる方もいらっしゃるかもしれません。

そもそも、人手不足倒産とは何でしょうか。

人手不足倒産とは、企業が事業を継続させていくうえで必要な人材を確保できずに倒産してしまうことを指します。

その主な種類は次のようなものです。

①後継者の不在

後継者を育成していなかったことにより起こるケースです。

経営者や幹部層が高齢や事故・病気などを理由に不在となったときに、事業を継続したいと考えても、後継者がいないために倒産してしまうことがあります。

帝国データバンク「全国企業『後継者不在率』動向調査」によると、2021年の調査の時点で、調査対象となった全国・全業種の約26万6000社中、後継者が「いない」と回答した企業は、61・5％の約16万社にのぼります。10社に6社が後継者不在の状況を抱えているのです。

経営に携われる人材が育っていない、M＆A（企業の合併・買収）を検討するも、企業文化等のミスマッチにより適切な相手を見つけられずに事業をたたむ。そのようなケースが増えているのです。

②中核を担う中堅従業員の流出（独立・転職）

従業員が退職することによって人手が不足し、事業を続けられずに倒産に至ってしまうケースです。

離職率が高く、従業員が定着しない企業では安定して事業を運営することは困難となるでしょう。

とくに、中核従業員や幹部層などの退職が相次いでしまうと、企業にとって大きな痛手となります。

③求人難

人材募集を行うものの、思うように人材が集まらずに倒産してしまうケースのことです。

女性の社会進出やフリーランス・副業の増加といった社会的な働き方の変化があります。

また、終身雇用に対する意識の変化や、キャリアアップを目指して転職を検討したりするなど、従業員として働く人々の価値観にも変化が現れ、多様化しています。

このような変化に企業が対応できないまま、求人難に陥ることがあります。

人は「いない」ではなく「育てていない」

いずれのケースを見ても、人材不足倒産のほとんどは、会社の目指す未来や方向性を既存の従業員、もしくは求職者にしっかり伝えられていないことによるミスマッチ、ギャップの深まりが原因となって起こるのです。

社内外の人と、会社の視点を密に共有することが大変重要です。

ですから、「人がいない」と嘆いていても始まりません。

私が伝えたいことは、人がいる・いないといった議論をするのではなく、同じ企業環境、企業風土を持った企業がほかにないのと同じように、**企業にぴったり当てはまる人材が最初から都合よくいると考えるのをやめましょう**、ということです。

企業の考える道筋をしっかり示したうえで人を育てる。

むしろそのほうが、企業の目指す理念を理解、共感してもらうには近道である場合も多いのです。

高校野球も同じです。

例えば資金力やスポーツ推薦があり、有望な選手ばかりを揃《そろ》えることのできる私立校よりも、公立校のチームのほうが強いことがあります。

一からしっかり仲間を育て、哲学や成長のプロセスを共有できるチームを作るほうが強い組織になるということです。

「人」を中心に考えるためには、まずは会社の文化や考え方、将来のビジョンに合った人を集めること。

そうして個から組織全体へ、どんどんエンパワーメントが広がり、強い会社に変わっていくのです。

効率化重視から変わるマクドナルド

マクドナルド。

誰もが知っている会社でしょう。

世界でも最もフランチャイズビジネスとマニュアル制作に力を入れ、人を効率的かつシステマティックに動かす仕組みを考えた……。

そう言っても過言ではない会社です。

これはマクドナルドに限らず、昔のアメリカにおいては、利益を生み出すために当たり前とする発想でした。

人を働かせるときに、ロボットを導入することを考えるのと同じように、無駄をなくすにはどうしたらいいのかを徹底的に考えることで利益を生もうとしたのです。

そのマクドナルドも、現代になり、大きく経営方針を変えています。

生活水準が上がり、仕事の種類が増え、人が仕事を選べる時代になった今。**誰でもできるような単純作業ばかりが求められるような企業を、進んで選びたいと思う人はどれだけいるでしょうか？**


そのような環境で働きたいと考える人がどんどん減っているのは無理もないことでしょう。


働き方の多様化は日本だけではなく、世界で起こっていることです。

マクドナルドはこの変化を課題と捉えて変わりました。

具体的にどう変わったかというと、**「人」を中心にあらゆる事業を組み立て直し、生まれ変わらなければ生き残っていけない**と考えたのです。

「ハンバーガーを売る会社」では、人ができることはごくわずか。

ほとんどシステマティックに効率化された作業の中で、創意工夫できる余地はあまり残されていません。

だからこそマクドナルドは2020年にパーパスを、「おいしさと笑顔を地域の皆さまに」と再定義して変化しました。

パーパスとは、存在意義と訳されますが、「その会社が何のためにビジネスをするのか」という意義を言葉にしたものです。

公式HPで発表されているインタビューによると、マクドナルドはハンバーガーを売るビジネスではなく、クルーが提供するおいしさと笑顔を地域の人たちに届けるビジネスへと舵《かじ》を切った、と書かれています。

マクドナルドはこれを「ピープルビジネス」と呼んでいます。

このマクドナルドの変化には、私が「はじめに」でも挙げた、エンパワーメントとして大切な3つが含まれています。

①あらゆる事業を「人」を中心に組み立て直すこと

②「人の役に立ちたい」「社会に貢献し、よりよい未来を作りたい」という志から生まれる人の力を最大限に引き出すことで、企業利益の最大化や成長を達成すること

③「人」とは、企業内部の従業員だけではなく、取引先の関係者や顧客までを含め

た、事業にかかわるすべての人を対象として考えること

つまり、「従業員を成長させること自体が、ビジネスで利益を生む重要な起点になる」という説明をしているのです。

従業員を中心にビジネスを設計しようと考える企業は、従業員が求めていることを考え、それに対して投資をし、誠実に対応します。

そうすると、従業員の満足度は向上し、その従業員はお客様に対して自発的に良いサービスを提供するようになります。

良いサービスを提供されたお客様が再来店することで、顧客増大につながっていく良い循環が生まれる。このようなメカニズムなのです。

人への投資が企業の成長と利益獲得につながっていることがわかります。

さらにマクドナルドは別のインタビュー記事の中で、マクドナルドで働く従業員が最もその力を発揮するために必要なことは、「EVP (Employee Value Proposition) ＝企業が従業員に対してどのような価値を提供できるのか」を企業がしっかり考えて提示できていることと説明しています。

企業が提供する価値と従業員が抱く志のミスマッチの少なさこそが重要だということです。

そしてＥＶＰの作り方を考えるうえでは、**企業が提供する価値は目に見えない価値であるほど他企業との差別化につながる価値になる**、とも説明しています。

つまり、給与や福利厚生といった目に見える価値よりも、ブランドやカルチャー、ビジョンといった価値を大切にするということです。

目に見えない価値は、言葉で説明するしかありません。

企業と従業員はあくまで対等に同じ情報を共有することが大事。

そのために大切なのは、「誰にとってもわかりやすく共感できる言葉」です。

だからこそマクドナルドは、パーパスを「おいしさと笑顔を地域の皆さまに」という、従業員・顧客・地域コミュニティの誰にとっても自分ごとだと思える言葉にしたのです。

賃金から見る日本の「人」軽視

円安トレンドが進んだ結果、ビッグマック指数では世界最安国レベルになるなど「安い日本」が問題視されています。

ビッグマック指数は英国の政治経済誌『エコノミスト』が１９８６年に開発し、発表を続けてきたものです。

マクドナルドの主力商品「ビッグマック」は、どの国でもほぼ同じ材料と製造方式から作られます。

つまり、どの国で買ったとしてもほぼ同じ価格になるはずだということ。それなのに、実際には為替市場等の要因により価格が異なってしまう。

その現象を利用して**世界各国の価格を比べることで、各国の通貨が安いか高いかを**

見ることができるという発想から生まれたものです。

そして、2022年7月（1ドル＝137円）に発表されたところによると、世界のビッグマックの値段を円に換算すると、米国685円、中国475円、韓国460円。いずれも日本の390円より高い価格となり、アジアの中でも日本の価格がとても安いことを見て取ることができます。

ここで安いとわかるのは物価だけではありません。

労働者の平均賃金もこの30年間ほとんど上がらず、2015年には韓国に追い抜かれアジアの中でも低い水準となっています。

日本は世界ではGDP（国内総生産）3位の国ですが、**賃金水準は各国と比べてとても低いのです。**

ここから見ても日本の「人」、つまり人的資本に対する軽視がうかがえます。

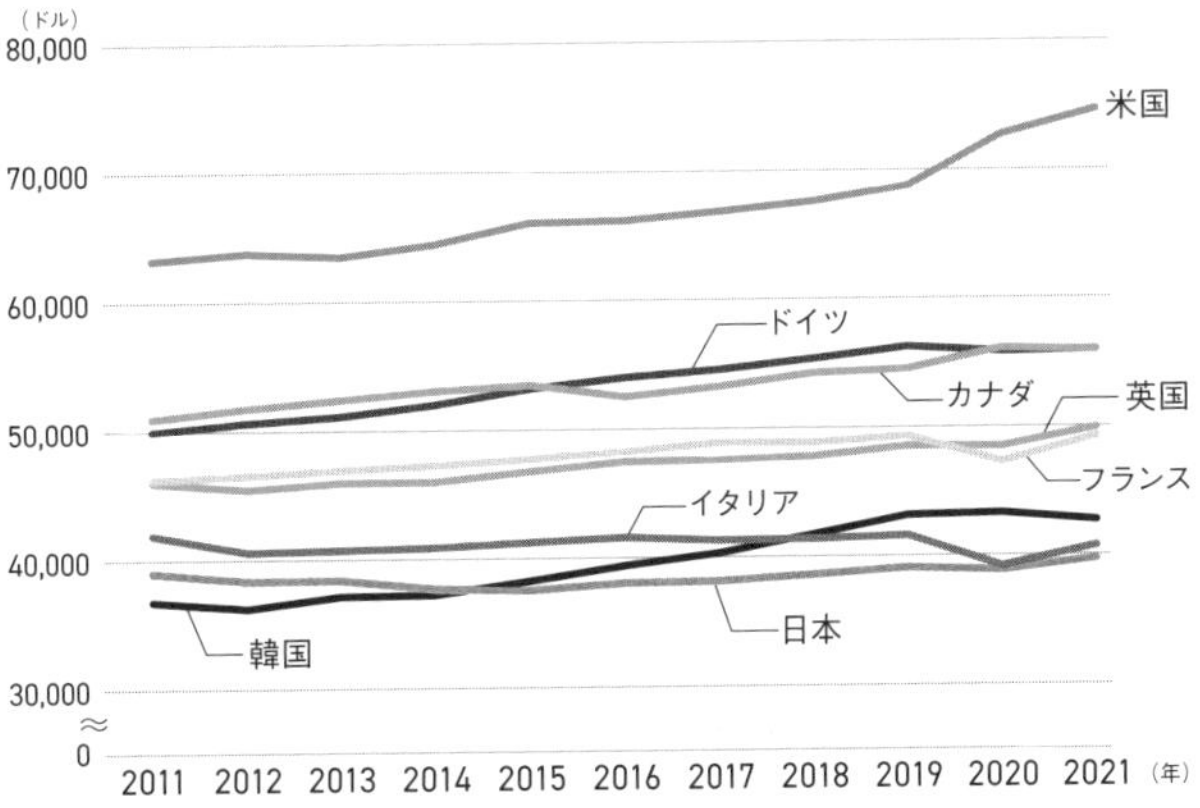

G7と韓国の平均賃金の推移

（出所）OECD. Statに基づき作成

（注）国民経済計算に基づく賃金総額を、経済全体の平均雇用者数で割り、全雇用者の週平均労働時間に対するフルタイム雇用者1人当たりの週平均労働時間の割合を掛けたもの。この指標は、2021年を基準年とする米ドルと購買力平価（PPP）で表記。

これは余談になりますが、日本は賃金水準が低いにもかかわらず、教育への負担がとても大きい国です。

日本は教育コストが高すぎます。

日本の人口減少は進んでおり、労働人口も減り続けている。

それでなくとも人が貴重な資産となり、その価値が見直されているのが世界的トレンド。

それなのに、日本ではその人への教育も十分に検討されていない。

日本の国レベルでの人的資本の

軽視を感じます。

例えば海外を見ると、フランスでは小学校から大学まで学費無料です。
フランスに限らず、人的投資に注力している先進国は、学費はほぼ無償であることが多く、育児出産にも手厚いフォローがあります。

人へ投資することが当たり前。
そのような社会が当たり前。

このムーブメントを、企業発で私たちが生み出していかなければならないと感じています。

「金」から「人」へ重要資産はシフトする

「はじめに」では、無形資産への移行のトレンドを見るために、S&P500を例に挙げましたが、**企業の時価総額の推移で見ても日本はこの約30年の間に大きな遅れをとっています。**

この後退の理由を、「金融からITへ変わったとたんに日本が勝てなくなった」と捉える人がいます。

しかし、そうではありません。

IT化のトレンドは「サービス化・プラットフォーム化・DX（デジタルトランスフォーメーション）化」ですが、ここで重要なことは、いずれも**投資対象が従来の機械設**

備やインフラから、「人」へ移っているという点です。

この変化の理由の1つには、高度な技術を扱える人が企業にとってますます必要になっているということがあります。

専門知識を持った人や、更新速度が速い世界において常にイノベーションを模索できるような人。

こうした能力を持ち、志を持った人へ投資できる仕組みに、企業がどんどん変わってきているのです。

また、ＩＴのように、変化速度が速い世界では若い世代の力がますます重要になります。

１９９０年代後半のコンピューター業界では、その技術進歩の速さを表現するのに、しばしばドッグイヤー(dog year) という表現が用いられていました。

同じ1年でも犬は人間の7倍の速さで成長する。

1989年

	会社名	時価総額（億ドル）
1	日本電信電話（NTT）	1,638
2	日本興業銀行	715
3	住友銀行	695
4	富士銀行	670
5	第一勧業銀行	660
6	IBM	646
7	三菱銀行	592
8	エクソンモービル	549
9	東京電力	544
10	シェル	543

約30年後

有形資産から無形資産へ

金融会社からIT企業へ

2023年

	会社名	時価総額（億ドル）
1	Apple	22,720
2	サウジアラムコ	19,450
3	マイクロソフト	18,050
4	アルファベット	12,650
5	Amazon.com	9,820
6	バークシャー・ハサウェイ	6,900
7	テンセント	4,780
8	NVIDIA	4.750
9	エクソンモービル	4,690
10	Visa	4,640

世界時価総額ランキング

（出所）1989年のデータはダイヤモンド社のデータ、
2023年のデータはWright investors' Service, Inc（2023年1月25日現在）に基づき作成

それくらいのスピード感だと言われていたのです。

そのころからすでに四半世紀が過ぎました。

その間、変化の速度は衰えるどころか、逆に加速度を増しています。

しかも、それはコンピューター業界だけにとどまりません。

現在ではすべての企業や人々が、激しい変化の渦中にいるのです。

地方こそエンパワーメントに有利

設備投資や金融資産、不動産などよりも「人」のほうが重要視される時代。
それはつまり、どういうことでしょうか？

あらゆることが変化している中で、あると思っていた壁も崩れている可能性があるということです。

「人」を中心にビジネスを考えることで、「地方であること」や「中小企業であること」が追い風になる場合もあります。

例えば地方に行くと、「地方だから東京と同じようにはできない」と言う方がいらっしゃいます。

その方の話を聞いていくと、**経済活動における東京一極集中の進んだ日本、というイメージが見えてきます。**

モノ・カネ・ヒトが何もしなくても流れ込んでくる東京に比べて、地方は東京に資源を吸い取られてしまっている。

自分たちは最初からハンデを背負っているのだという嘆きです。

日本は今も経済大国でアジアの盟主であり、その都である東京は世界から注目される最先端の近代都市。

そして、そこで働いているのは、自分の会社には1人もいない有名大学を出たエリートビジネスマンばかり。

こんなにも戦いの舞台が違うのだから、東京と地方では同じことなどできないし、東京と同じように戦えなくても仕方がない。

このようなイメージが地方にはあるようです。

もしかすると、30年前のイメージならばそれが事実であったのかもしれません。

しかし、今も果たしてそうなのでしょうか？

私はそうは思いません。

地方の企業だからあれもできない、これも無理というのは、実は今はもう、ほとんど事実ではないのです。

20世紀まで東京と地方の決定的な差は情報でした。

東京には国内外から複雑な種類の情報がさまざまなルートで集まってきます。

情報は企業活動にとって力です。

情報を他社に先駆けて獲得することができれば、それだけでその企業はビジネス上のアドバンテージを手にすることができます。

ただし、20世紀の日本で最新の情報をいち早く手に入れるには、自らが情報の集積地の近くにいなければなりませんでした。

だから東京もしくは東京に近いところに拠点を構えている企業ほど有利だったのです。

では、21世紀の日本では、情報はどこに集まっていると思いますか。

東京？　違います。

それは、クラウドです。

インターネットに接続できる環境にいるのであれば、日本中どこからでも情報にアクセスできます。

もはや東京と地方に情報格差はないのです。

もっと言えば、格差は住んでいる地域ではなくＩＴをどの程度使いこなせるかで生じます。

致命的なのは東京圏との間の物理的な距離ではなく、インターネットやコンピューターを使える「人」と使えない「人」との間に生じる格差のほうなのです。

つまり、ＩＴスキルがある人にとっては、地方勤務はハンデではないのです。

例えば徳島県神山町《かみやまちょう》は、徳島市内からバスで1時間のところに位置する山間の町。かつては林業が盛んだったものの、時代とともにそれも衰退し、気がつけば高齢者が過半数を占める限界集落になっていました。

しかし、今は東京や大阪のＩＴ企業の本社やサテライトオフィスが軒を連ね、若者の移住者も増えています。

転機となったのは２００５年。

この年、神山町は町内全戸に光ファイバーを敷設しました。

しかも、驚くことにその通信速度は、東京よりも速かったのです。

自然豊かな山奥で、高速インターネットが利用できる。これに多くのＩＴ技術者たちが興味を示しました。

都会の利便性は、そこにはもちろんありません。

でも、**僻地《へきち》だろうが限界集落だろうが、高速Ｗｉ‐Ｆｉが整っていれば、いつで**

も求める情報にアクセスできるのですから、ＩＴ企業や技術者にとっては何の問題もないのです。

インターネットが使えるなら、そこがどこであろうと情報格差を感じることはない。そして、自分たちは都会にはない大自然という癒しの空間を提供できる。それは都会にある企業よりも、満足度の高い環境になっているはずだ。ならば、この地は必ず人を惹《ひ》きつけられる。

これこそ、状況を柔軟に捉え、「人」を中心に置いたことで生まれた発想です。このことにいち早く気づいた神山町は、見事というよりほかありません。

「ウチのような田舎の会社に、都会の大学を出たＩＴリテラシーが高い優秀な人材が来てくれるわけがない」

本当にそうでしょうか？

早く気づいて準備を始めたところほどチャンスがあります。

小回りの利く規模感が従業員をやる気にさせる

中小企業にも追い風が吹いています。

小回りの利く規模感こそ、従業員の希望を聞きやすく、叶《かな》えやすいためです。

先ほど、企業が提供する価値と従業員が抱く志のミスマッチの少なさこそが重要だという話をしました。

従業員を中心にビジネスを設計したいと考えれば、自然と、従業員が求めていることを考え、それに対して投資をするように動きが変わります。

そして大企業ではない中小企業こそ、従業員の意見も通りやすく、そしてリーダーの意見を社内の隅々に届けやすい環境があるのです。

それはまた、人が思いついたアイデアをどんどん実現しやすく、柔軟な発想が生まれやすくなるという側面もあります。

そしてさらには、**変わりゆく世界の価値観の変化にも柔軟に対応しやすいという一面もあります**。

例えば従来であれば、同じ市場で戦うなら、中小企業よりも大企業のほうが圧倒的に有利でした。

大企業の有する豊富な経営資源や蓄積されたノウハウが、優位性を生み出す力の源泉となっていたのです。

まさに、設備投資がビジネスの勝利を決める環境です。

ところが、21世紀になって、経営をとりまく環境が激しく変化するようになるにつれ、状況は一変します。

変化に対応するためには、新しい技術を取り入れたり、新規分野に進出したりしなければなりません。

そのときに大きすぎる経営資源が、今度は足かせになる場合があるのです。

例えば自動車産業では、ガソリン車から電気自動車へシフトするために、既存の大手企業は大変苦労したという話が有名です。

製造ラインを見直し、無駄を省き効率よくシステムを回す。

そうして手間ひまかけて生み出した製造ラインも、環境が変わればそれらを根底から変える必要が生じるためです。

それは、0から1を生み出すことよりも大きなコストとなります。

設備投資ありきのビジネス形態では、変化の激しいこの時代を生き残っていくのは難しいのです。

精緻な分析を通じて課題を発見し、効率化を図ることで利益を大きくしようとする。

細部まで細かく課題分析を行う戦略は、これまでのビジネスが得意とするところでした。

しかし、新しい価値観が次々と打ち出され、提供すべき価値が刷新され続けるような現代においては、1つの製造ラインを精緻に深掘りしていくことよりも、自社のビジネスの影響範囲や提供できる価値を見直すような大きな視野を作るアプローチのほうが重要視されているのです。

「設備投資」から「人」への投資で逆転が生まれる

このような時代において、**設備投資ありきのビジネスに対して、人の能力ありきで動くIT企業の勢いが増しているのは当然**とも言えます。

例えば、アメリカの実業家であるイーロン・マスクがシリコンバレーで創業したテスラという会社が世界へ大きく進出することができたのは、**自身の企業の形を「自動車メーカー」とせず、「IT企業」と捉えたことにある**でしょう。

テスラは2003年の創業で、すでに多くの大手自動車メーカーが世界シェアをとっている中で、ベンチャー企業として市場へ参入しました。

しかしそのわずか17年後の2020年には、世界最大手のトヨタを時価総額で上回り、自動車メーカーで世界一の企業に成長しています。

その決め手となったのが新しい電気自動車の開発でした。

EV車（電気自動車）はガソリン車に比べ構造がシンプルなため、部品の点数が大幅に少なく、メンテナンスの手間もガソリン車ほどかかりません。

これまでの自動車メーカーが強みとしてきた潤沢な資源や設備がなくとも、自動車を作れるようになったのです。

しかしテスラがここまで大きく飛躍できたのは、このような単純な変化が理由ではありません。

テスラが提案したのは、ソフトウェアとOS（オペレーティングシステム）を搭載した新しいクルマの価値でした。

ＩＴ化のトレンドは先述したように「サービス化・プラットフォーム化・ＤＸ化」ですが、テスラもスマートシティーやエネルギー分野も含めてプラットフォームの構築に乗り出しています。

次々と新しい価値を発見、提供するべくチャレンジを続けている。

その期待値が世界中から高く評価されたことが、時価総額世界一に上り詰めることのできた理由でしょう。

第2章

「エンパワーメント」に必要な意識改革

エンパワーメント的意識にシフトせよ

第1章では、あらゆる常識が変わってきているという話をしました。

では、そのあとにしなければならないファーストアクションとは何でしょう。

それは「物・金」から「人」を中心に考えるための意識改革です。


エンパワーメントとは、「人の力」を引き出すこと。

「やりがいのある仕事をしたい」「よりよい未来を作りたい」と志す人の力を最大限引き出すことが大切です。

そのためには、自分を含め、かかわる人すべてのリーダーシップを尊重するところからエンパワーメントは始まります。

まずは自分が変わり、周りにいる人に影響を与えていくようにしましょう。

第2章では、エンパワーメントに必要な意識とその具体的なアクションを紹介します。

今まで既存の成功モデルに従って進めてきた企業が、いきなり個々人の自発的な力に支えられたエンパワーメント的マネジメントに変わろうとすれば、最初は少し勇気がいるかもしれません。

同じことを続けるという慣性の法則に逆らうには、大きなエネルギーがいります。

だからこそ、人は変化を嫌うのです。

ましてや例えばこれが地方であれば、変化を身近に感じにくい部分もあるかもしれません。

目に映る景色は都内にいるよりも変化が少なく、何年も同じままということもあるでしょう。

また、周囲にはロールモデルが不在で、周りの企業も同じようなことをずっと繰り返していく環境にあるのだとしたら、変わらなくてもいいという言い訳が簡単にできてしまうかもしれません。

しかし、それでせっかくの飛躍のチャンスを逃してしまうのは、あまりにもったいない。

今はまだそれほど痛みを感じていないとしても、どのような業界の企業であってもこれまでと同じでいい、微調整を繰り返していけば何とかなるという発想では、成長や発展どころか、生き残るのも厳しくなるのは明らか。

「現状維持」の発想は明らかに衰退の道です。

ロールモデルがいない状態で挑戦するのは不安かもしれません。

けれども、裏を返せばそれは、他社を1歩も2歩もリードできるチャンスでもあるということです。

それには、自分たちは変化の傍観者ではなく、渦中にいる当事者なのだと、意識を変えるべきでしょう。

先陣を切って挑戦するのはリスクが大きいと思いますか。

そんなことはありません。

この時代に思考停止のまま十年一日のごとき経営を繰り返すほうが、よほどリスキーだと私は思います。

現れるかわからない救世主を待ってただ祈るよりも、自ら変わりましょう。

どのように変わるべきか、そして、変わるためのアクションを紹介します。

「○○だから良い人材が集まらない」からの脱出

企業のトップに経営課題をインタビューすると、最初に口をついて出てくるのは、人材に関する悩みがほとんどです。

できればもっと事業を拡大したい。
新しい分野に進出したいという気持ちだってある。
だが、それには人が必要だ。

人がいないから現状維持が精一杯だと言います。

だったら、事業を託せるような人材を採用したり、育成したりすればいいのではないか。

ところが、私がそう言うと、それができれば苦労はしない、そもそも優秀な若者はみんな首都圏に行ってしまうし、他所《よそ》からこんな小さな企業に来てくれる人もいないなどと言います。

手を尽くす前から環境のせいにして、諦めてしまっているのです。

望むような良い人材が集まらないのは、地方や中小規模の企業だからなどということはありません。

育成や採用の仕方そのものが間違っている、あるいは、取り組み方が不十分だからなのです。

きちんと戦略を立て、理にかなったやり方で臨みましょう。

そうすれば、たとえ個人商店でも自社に適した人材を採用することだってできます。

それでは、なぜ採用がうまくいかないのでしょう。

新卒採用をしているという、中堅規模の企業のトップや担当者に、どのような活動をしているのか尋ねてみると、大手求人媒体に掲載しているだけという企業がほとんどだったりします。

複数の求人サイトに登録したり、学生にスカウトメールを打ったりしているような企業はまだまだ少ないように思います。

ですが、情報や媒体が溢《あふ》れている現代では、大手媒体に掲載しているだけではフォーマットどおりの発信しかできず、埋もれてしまい、他の企業と差別化を図ることは難しい。

そうして、学生から見つけてもらうこともできず、ようやく面談でき内定を出しても辞退されてしまう。

……というように、結果がなかなか出ないから、自分たちのような地方企業には満足のいく採用活動などそもそも無理なのだと考えてしまうのでしょう。

では、**地方企業が人材戦略を成功させせるためにやるべきこととは何なのでしょう。**
以下に、私なりの考えをまとめてみます。

従業員が一番のファンになるように考えよ

そもそも、に立ち返りましょう。
企業の生産力を高めるためには何が必要でしょうか。
商品やコンセプト、サービス、発信などなど……。
いくつかの要素が挙がると思います。

それでは、これら一連の仕事を担うのは誰でしょうか？

もちろん従業員です。

そのような意味では、**本当に企業や商品のことを知ってもらいたい相手、注力すべき相手、ファンになってもらいたい相手は、顧客よりも従業員なのです。**

水口貴文《みなぐちたかふみ》氏がスターバックスコーヒージャパン株式会社CEO（最高経営責任者）就任時に取り組んだ施策も、「従業員30％割引」だったといいます。

例えば、スターバックスでアルバイトをしている友人がスターバックスのコーヒーを買って飲んでいるのを見かけたら、「やっぱりスタバのコーヒーは良いんだ」とおそらくあなたは思うのではないでしょうか。

内部事情を知りつくしている従業員が自社の商品を買うことは、顧客に対しても大変強力なメッセージになります。

「従業員からも選ばれる商品であれば、良い商品にちがいない」ということです。

そして、「うちの会社は良い会社だ」「うちのブランドと商品は良い」と思っている従業員が誠実に手掛ける商品や接客は、そうと言わなくても、お客様に「これは良いものです」と自然と伝わるものです。

しかし現実には、従業員に向けたブランディング、つまりインナーブランディングは緊急度が低いからと、後回しにされがちです。

「インナーブランディング」とは、社内に向けて行うブランディング活動のことです。従業員に経営理念や想い、ブランドの方向性を浸透させ、ブランドの価値向上を実現できる組織にすることが目的となります。

一般に誤って持たれがちである、「採用、社内教育、人事評価などのことでしょう」という認識では、目的を見誤ってしまい、取り組みの優先度を下げてしまうことになりかねません。

「人の力」は、人の志と仕事がリンクすることで引き出される、とこれまでの本文でもお伝えしてきました。

インナーブランディングとは、まさに、このリンクを行うアプローチのことなのです。

インナーブランディングを後回しにする企業は、企業が成し遂げたい提供価値を言語化することにも、それを商品やサービスへ落とし込むことにも、発信することにも失敗するでしょう。

従業員にさえ魅力を伝えることのできないブランドは、経営に必ず跳ね返ってきます。

例えば、とあるスーパーで働くスタッフから、自社の商品は自分の子どもに食べさせたくないから別の場所で買っているという話を聞いたら、あなたはそのスーパーの商品を買いたいと思うでしょうか。

そこで働く従業員が自社の商品に価値を感じていないのに、顧客に選ばれるようになるのは難しいでしょう。

インナーブランディングはプラスに働くと強力ですが、逆に、マイナスに働いてしまうと大きな損失につながるほどに重要なものなのです。

「ブランディング」と聞くと、商品やサービスの価値やブランドを世に届ける取り組みのことをイメージする方が多いかもしれません。

このような、社外に発信しようとする取り組みは、より細かく言えばアウターブランディングと呼ばれています。

ですから、社内に浸透させる取り組みであるインナーブランディングとアウターブランディングはオモテウラの存在なのです。

一方で、社内の従業員に対する育成や投資を担うインナーブランディングは、アウターブランディングよりも優先順位が低く見られがちです。

しかし、「人」を大切にするよう、企業のあり方を変えようとするならば、**インナーブランディングもアウターブランディングと同等、もしくはそれ以上に重要な取り組みであるという認識を社内で持つ必要があるのです。**

私は、**インナーブランディング施策の重要性を知ってもらうために、まず、社内で自社ブランドの浸透度調査をしてみることをお勧めしています。**

世の中にどれほどブランドイメージが浸透しているか。

これを把握するために、莫大な費用をかけてモニター調査などを行う企業があります。

もちろんモニター調査も重要なことですが、順番としてはまず社内調査から行うべきでしょう。

従業員にさえ伝わらないブランドコンセプトは、世にも伝わらないと考えるべきです。

ですから、まずは従業員に自社のコンセプトがきちんと届いているか、「良いイメージを持ってもらえているか」を見るようにするのです。

また、新卒採用は自社が世の中にどのようなイメージを持たれているか確認する手段として、大変貴重な機会です。

採用に応募する方は、数ある企業の中で自社に魅力を感じ、かかわりたいと思ったからこそ応募に至ります。

それは、自社内で一番お客様に近い感性を持っているということです。

自社ブランドの浸透度を知りたいと思ったら、入社して間もない新入従業員が自分の親や友人など周りに話したくなるようなブランドコンセプトを作れているかどうかを、ここで確認してみるようにしましょう。

ブランドとは従業員が作るもの。

ですから、何はさておき、まずは「従業員に良いイメージを持ってもらうための活動」をするのです。

自社を好きになってもらえれば、従業員自らが、どうやったらお客様に自分たちの良さを知ってもらえるかを真剣に考えるようになります。

結果、ファンも増えるのです。

お客様はよほどの理由がない限り、企業に対してロイヤリティを最初から持っているということはありません。

企業へのロイヤリティや愛着は、まずは自社従業員に持ってもらうことから始まります。

外に伝えるのは、それからです。

同じ方向を向くために、ゴールを明確にする

社内向けのブランディング、いわゆる「インナーブランディング」は、すぐに結果が出るものではありません。

しかし、**どんなに時間をかけても、社内のブランドに対するイメージがなかなか醸成されないという場合もあります。**

それは、具体的にどのような状況なのでしょうか。

もちろんさまざまな要因がありますが、私が見てきた中で最も多いのは、**採用の段階で「どのようなゴールを目指している会社なのか」を示していないために、「従業員がそれぞれ別の方向を見ている」場合**でしょう。

同じ方向を見ることができていないために、共通のイメージを持つことができていないのです。

従業員には、「具体的なゴール」と「どのように成長できるのか」という情報をはっきりと示しましょう。

さらに、そのイメージを理解し共感してくれたうえで、共に目指そうと思ってもらえるかを確認することが必要です。

ゴールを示すとは、会社が目指すのは世界最高峰のエベレストなのか、日本一の富士山なのか、それとも週末に気軽に登れる高尾山《たかおさん》なのか、まずは、そこをはっきり示すということです。

メジャーリーグの球団は、自分たちの球団にふさわしい、目指すゴールが同じ選手を採用しているはずです。

それと同じで、会社としてエベレスト登頂を目指すなら、それにふさわしい人材を採用しなければなりません。

エベレストに登るなら、「薄い空気と高山病に耐えられる体力と精神力が必要です」「過酷だが、それでもやるつもりがありますか?」という覚悟を確認します。

また、「登頂まで何日もかかりますが、頂上に到達したときは、ほかの山では味わえない達成感を手にできます」「ゴールに見える景色は、具体的にどういうものなのか」という情報を与えることで、相手に正確なイメージを伝えます。

こうした作業を経てから、採用の成否を判断することになります。

ここを中途半端に省いてしまうと、それまで一丸となっていた組織にひびが入ることにもなりかねません。

そうなれば、せっかく築いたブランドの価値も一気に危険にさらされてしまいます。

エベレストを目指す集団に、高尾山へのハイキングが目標の人間が入り込んでしまうと大変です。

高尾山に行くつもりだった人は、みんなが空気の薄さに耐えながら必死で足を前に出しているときに、「もう疲れました。引き返しましょう」「こんなことをして意味ありますか？」と口にし始めます。

これは、高尾山に登ろうとしていた人が悪いわけではありません。

高尾山へ登るつもりだった人に、無理やりエベレストに登れと言っている会社に落ち度があります。

落ち度とは、採用のミスマッチを招いたという落ち度です。

しかも、ハイキングの人がついてこられずに辞めてしまった場合、「あの会社は、感じが悪い」などとネガティブな情報を発信するかもしれません。

そうなれば、会社の受けるダメージは計り知れません。

その従業員の採用費だけでなく、それまでブランディングに費やしたコストと時間も無駄になってしまいます。

今はSNSで元従業員による書き込みによるトラブルも増えています。目指すものの違いによって誤解や悪評につながってしまうリスクもあります。

ここまでに述べたとおり、「会社が大事にしている想い」や「目指すゴール」を明確に説明するということは、会社のブランドに共感した従業員に残ってもらい、離職率を下げることに確実に役立ちます。

ミドル社員を社内の「ロールモデル」に

しかし、今度は、「コンセプトを共有することの重要性は理解していて、実際に社長が総会で皆に話をしたり、社内報にして皆に配布したりしている。

しかし、コンセプトと仕事内容を結びつけられなかったり、自分ごととして受け取ってもらえなかったりして、やはり社内がバラバラになってしまう」という悩みもあります。

入社前にブランドに共感を覚えて、やる気があって入社した。

けれど、このときに**抱いたブランドへのイメージを、いざ実際に働いてみる中で、どのように仕事の中で具体化し、活かしていけばいいのかわからない……**。

このような悩みが生まれてしまっているのです。

従業員が宙ぶらりんになってしまって、その結果、やりたい仕事ができなかったとなると、会社を離れる原因や、意欲低下につながることになります。

「はじめに」でも紹介した人材不足倒産の実情というのも、こういったところが原因で生まれているケースもあります。

このような悩みが発生したときの対処の秘策は、**ミドル社員の教育に力を入れること**です。

入社前の学生にとって、「会社の顔」といえば社長です。

社長の発言やキャラクターは、学生が抱くその会社のブランドイメージを大きく左右すると言っていいでしょう。

しかし、入社後は新入従業員にとって、社長はそれほど身近な存在ではありません。とくに大企業では、普段は直接顔を見ることのない「雲の上の人」という場合も多くあります。

そのため、社長の話すことは、新入従業員が働くうえで具体的に参照できるものとはなりにくいのです。

役員クラスも同様に、自分とは距離が離れすぎています。

若い従業員にとって一番参考になるのは、「職場の身近な先輩」の働き方です。

入社後に知りたいのは、会社が大切にしている想いを大事にしながら働いていった先のキャリアビジョン。

1年後、5年後、10年後、自分はどうなっているのだろうという具体的な姿でしょ

う。

先輩の姿は、そのまま自分の数年後のロールモデルになります。

もし自分の1年先輩の従業員が、仕事をバリバリこなしてブランドイメージを高めるようなアウトプットをしていたとしましょう。

それを見た新入従業員は、こう思うはずです。

「たった1年でこんなに成長できるようになるのか。やっぱりこの会社を選んで間違いじゃなかったんだ。よし、自分も1年後にはああなれるように頑張ろう」。

ところが、近くにいる先輩が、たいした仕事もせず、ブランドに対する想いも感じられないような人だったら、どうでしょうか。

「先輩があの程度なら、自分もここにいても大きな成長はできないのかな。これは失敗したかもしれない。早めに見切りをつけたほうがいいのかも……」と感じてしまうでしょう。

人間の想像力には限界があります。

真っ白なキャンバスに「10年後の自分の姿を描きなさい」といきなり言われて、わかりましたとすぐに描き出せる人は、そうはいないはずです。

何とか描いたとしても、それが本当に合っているのか、確信が持てず不安になる人も多いでしょう。

自分が納得できる未来絵図を描くためには、手がかりとなるものが必要です。

会社で言えば、それが先輩従業員なのです。

例えば、1年後はこんな仕事をしていて、その結果、社会にこういう貢献をしている。

5年後はさらに成長して、こんなことができるようになっている。

10年経ったら中堅従業員として会社の経営にも参画していて、そのときには会社のブランドイメージの認知も確固たるものになっている。

……という具合に、数年後の先輩の姿が自分が1年後、5年後、10年後の姿を描く手がかりになるのです。

採用では、求めている人材を明らかにせよ

中途採用の場合は、必要な能力や職務を明確にしてから求人を出すので、求める人材の能力や経歴などがわりとはっきりしているはずです。

しかし、これが新卒だと、日本は入社後の業務を特定しないメンバーシップ採用が主流ということもあって、**明るさや素直さといった対面時の印象を重視した面接評価をしてしまいがちです。**

あるいは、「GMARCH」以上ならぜひとも採用したいというように、学校のランクが採用の基準になってしまっているケースもよくあります。

これでは本当にその企業に必要な人材が確保できないのも仕方ありません。

すべての企業は、永続が前提です。

10年後も20年後も雇用を生み、利益を上げ、事業を通じて社会に価値を提供し続ける。

そうやって社会に貢献し続けることを求められているのです。

そしてそのためには、直近の業績だけを追い求めていればいいということにはなりません。

創業の理念や培ってきた文化といった企業の無形の財産を受け継ぎ、育て、次の代に伝えていくことにも力を注いでいく必要があります。

そして、その担い手となるのはもちろん従業員です。

会社が長く存続することを考えたら、採用でより力を入れるのは中途よりも新卒というのが私の持論です。

誤解のないように言いたいのですが、私は決して中途採用を否定しているわけではありません。

ただ、従業員の採用を考えたとき、最初から新卒採用の可能性を捨てて、新卒採用よりも中途採用に注力する中小企業があまりに多いと感じています。

中小企業にとっては、新卒採用は「即戦力につながらない」「採用後の研修にコストがかかる」と、敬遠することも多いのかもしれません。

たしかに、新卒採用には採用活動と人材育成に時間と手間がかかるもの。

ですが、手間がかかるからこそ得られるメリットが大変重要なのです。

そのメリットとは、**「会社の理念に共感を覚えてもらいやすい」ことです。**

中途従業員は、複数の企業で職務を経験する中で築かれた価値観を持っていることが多く、会社の価値観になじむまで時間を要することがあります。

また、転職活動中は自身のキャリアアップや待遇面を重視して会社を選ぶ傾向があり、自己研鑽《けんさん》タイプの人が多く見られます。

これに対して就職活動中の学生は、自分のやりたい仕事ができる職場環境を求めて、企業風土や理念に共感できる会社を選ぶ傾向があります。

このように新卒従業員は、初めて働く会社で教えられたことを素直に吸収しながら、仕事に対する心構えや価値観を体得していきやすい。**自社への愛着心や帰属意識を醸成しやすいのです。**

つまり、企業文化を継承していく幹部候補として期待でき、会社のブランディングを強くしてくれる戦力として、大いに活躍するでしょう。

まっさらな状態で会社の文化を吸収した新卒入社組とともに、長い目で会社の未来を探っていく。

数年後には会社にとって重要なポジションを担ってくれるでしょう。

新卒採用をぜひ、重要視してみてください。

新卒採用への目線が変わってくれれば、その重要なポジションとなる新卒の人材を採用する基準が、明るい人とか、それなりのレベルの学校に在籍している人とかでいいはずがないと気づくでしょう。

これでは良い人材が採れないのも当然だと言えます。

私は、「ウチのような会社に良い人材なんて来ない」と嘆く社長には、「では、貴社ではどんな人を採用したいのか、具体的に教えてください」と、逆に質問するようにしています。

すると、言葉に詰まってしまう方のなんと多いことか。

新卒採用の第一歩は、必要な人物像を明確にすることです。

当社は新卒にこんなことを期待している。

だから、学生時代にこんな経験をし、こういう能力やスキルがあり、性格はこうで、こんな仕事観やキャリアイメージを持った人をこれだけの人数採用したい。

必要な人物像をはっきり言える状態にしましょう。

まず時間をかけて固めるのです。

地方企業に限らず、離職率の高い企業は、たいがいこの過程を端折《はしよ》って、そこから先のことばかり考えています。

広告代理店や就職情報会社に言われるまま、入社案内やＰＲビデオ、求人用のホームページ制作などにお金をかけ、魅力的なイメージを作り出そうとし、そのために人件費もかかる……。

その結果、良い人が採用できたら、そのときは満足かもしれません。

でも、会社が求める期待を相手が理解し、それに応えようと意欲に燃えて入社したのでなければ、優秀な人ほど「こんなはずじゃなかった」と失望し、すぐに転職を考え始めるでしょう。

入社後2、3年足らずで辞められてしまったら、採用に費やしたコストは回収できません。

何より、次世代を担う人材が、いつまで経っても集まりません。

こういう採用を繰り返していてはダメなのです。

社長が、どんな人材が必要なのかすぐに答えられないのは、その社長が自分の会社のことを、きちんと理解していないからかもしれません。

例えば、現場で働いている人たちとのコミュニケーションは十分でしょうか？

その方々が何を望んでいるのか？

どのような想いを抱いているのか？

これらのことを把握できているでしょうか。

従業員とのコミュニケーションの中に、会社に必要な人物像のヒントはたくさんあります。

人材戦略と同時に、コミュニケーション不足の解消という経営課題にも取り組むようにしてみてください。

もし不安だという方は、ぜひ、このあとの第3章でご紹介する「コンセプトシート」を使ってみてください。

ちなみに、**当社が採用のコンサルティングを引き受ける際は、人事や総務任せにせず、必ず社長が説明会や面接にかかわることを条件にしています。**

こういう人材がほしい、こんな人たちと一緒に会社の未来を作っていきたい。

一緒に働きたい人のイメージというのは、社長が自分の口で、熱い想いを込めてアピールしなければ、相手の心に響かないからです。

第3章

「人」を巻き込むための「共通言語の作り方」

「人」と協働するために「言葉」を作る

第1章と第2章では、エンパワーメント人材戦略とは何か、そしてそのために必要なマインドを紹介しました。

その中では、従業員を含め、関係するすべての「人」と、会社が目指すイメージや、会社が提供したい価値の方向性を共有することが大切であると紹介してきました。

この第3章では、**実際に「人」を巻き込み、「人の力」をビジネスと接続させ、組織全体が一気通貫してエンパワーメント的に変わるための「言葉」の作り方を紹介します。**

エンパワーメントとは、従業員のやりがいや志といった自発的な働きを支援するものだと紹介しました。
とはいえ、ただ白紙を与えても、従業員はどのように動き、力を発揮したら良いかわからずに困ってしまうでしょう。

人は何もないところから発想することはできないのです。

従業員を巻き込むためには、方向性が示され、イメージを抱くための共通イメージとしての「コンセプト」を定め、誰にでもわかる言葉で言語化することが大切です。

そのままでは抽象的な概念でしかない企業の想いや強み、未来への視点……といった〝目指したいイメージ〟を「コンセプト」として言語化することで、誰にとってもイメージでき、共有できる指針を作るのです。

共通言語となる言葉があることで、抽象的な概念でも、コミュニケーションがぐっとしやすくなります。

多くの人を巻き込むための視点で考える

そして、コンセプトを考えるときにとくに大事なのは、**「企業がなりたい姿を一人称的に表現しないようにする」**ことです。

コンセプトを定める一番の目的は、従業員や顧客、パートナー企業や地域のコミュニティなど、**できる限り広く「人」を巻き込み、「人の力」を引き出すこと**にあります。

ですから、**「人」の視点から見て、自分ごととして共感し考えることのできるコンセプトになるようにしましょう。**

「はじめに」でも、糸柳は「温泉ビジネス」や「旅館ビジネス」という企業視点の狭いコンセプトにはしませんでした。

「こころ動かす、工夫がある。」というたくさんの人が参加できるコンセプトを掲げていて、だからこそ従業員もあるべき姿をそれぞれが主体的に検証できたのです。

コンセプトを探るときは、「なぜ、私たちはそれをやるのか？」という社会的存在価値を入り口としながら、ここで言う〝私たち〟にはなるべく多くの人が含まれるように考えるのがポイントです。

このように視点を広く考えていけば、企業の利益やお金儲けばかりを追うコンセプトでは人が集まらない理由がわかるでしょう。

これは社会貢献や地域貢献までを捉え、視点を広く持った企業がなぜ強いのか、という理由でもあります。

また、コンセプト作りの目的には、どの方向を目指して力を発揮するかを決める、「ブランディング作り」の役割もあります。

「私たちが目指す姿って何だっけ」と迷子になっても、また戻ってこられるようにするのです。

日本には、「暗黙の了解」「阿吽《あうん》の呼吸」「空気を読む」と言われるような、背景がわからないと伝わりにくいハイコンテクストなコミュニケーションを行う文化があります。

さらに日本語は、世界で見てもとても難しい言語の1つだということを思い出してください。

もちろん、意図するものが相手に伝われば問題はありません。

ただし、現代は価値観の多様化が目指される時代だからこそ、相手が誰であっても伝わる、そういう努力をし続けなければならないのです。

グローバル化も進んでいますし、リモートワークへのシフトなど、コミュニケーションの変化が至るところに見られます。

このような変化を鑑《かんが》みると、できる限りコミュニケーションに齟齬《そご》がないように物事を進めることが求められるようになるでしょう。

言語化ができれば、その言葉を起点にして、ビジュアル化や商品化、映像化、イベント化、サービス化……など無形有形のあらゆる形に展開することができるようになります。

できる限りイメージを言葉として棚卸しして、コンセプトを作り上げることが重要です。

「なぜ、私たちはそれをやるのか？」で競合に真似されない

では、「コンセプト」は、具体的にどのように構築していくべきでしょうか。

ここはまさに企業の根幹となる考え。

かかわる人に共感してもらえ、腹落ちしてもらえるものにしなければなりません。


重要なのは、**「①自分たちのオリジナリティはどこにあるか」という内部要因と、「②社会からのニーズはどこにあるか」の外部要因2点を明確にすること**です。

コンセプトは、この2点が重なるところから生まれるのです。

強みを一方的に述べるのでもなく、社会からのニーズの受け身になるのでもなく、重なるところから生まれる言葉を見つけていきます。

そして、①でも②でも、大切なことは、ヒアリングです。

部署や役職、年齢や性別を問わず、組織内のできるだけさまざまな人々に声をかけ、大切にしている価値観を探索します。

ヒアリングすべきことは、数字や競争力よりも、どんなところにやりがいや志を感じているかという人の想いです。

例えば、老舗の和菓子メーカーであれば、地域のあらゆる大切な行事ごとに必要とされてきた、その思い出を作る一端を代々自分たちが担っていることに価値を感じているかもしれません。

婚礼用などの家具を作っていたメーカーが、実は一番願っていたことは、作ったタンスなどの家具が一生涯を通して使用者に大切に使ってもらえることかもしれません。

プロダクトの性能といった数字や、設備投資ありきの競争力といったものは、これまでの章でも見てきたように、人々が求める価値観が変われば効力をなくしてしまうものです。

また、競合他社に簡単にコピーされてしまうものでもあります。

しかし、**「私たちは誰か」「何に志を感じているか」という「人」の部分はコピーできないものです。**

「生まれ変わってもこの仕事をしたいと思えるような魅力はあるか」
「仕事をしていて出会う、特別な瞬間はあるか」
「忘れられない仕事はあるか」

など、人が抱く想いにフォーカスを当ててヒアリングをしていきましょう。

また、正社員だけでなく、アルバイトや非正規社員まで、職種も企画からエンジニア、新人からベテランまで、偏りを生まないように幅広い人にヒアリングしていきましょう。

〝私たち〟のDNAと志を言語化

まず「①自分たちのオリジナリティはどこにあるか」では、自分たちの持つ強みや得意なことを改めて洗い出すことから始めます。

これまでの歴史の中で大切にされてきた意志は何だろう、感謝されてきたことは何だろう、やりがいを感じた瞬間はいつだろう……。

先述したように、やりがいや志を感じるものを探っていきます。

強みの棚卸しをするときのコツは、「すでに自分たちの強みはわかっている」というようなことでも改めて言語化することです。

ある人にとっては当然だと思っているようなことでも、年代が異なれば受け取られ方が異なっていたというケースは珍しくありません。

それに、コンセプトを検討するメンバーも、コンセプトが生まれる時代も日々アップデートしているわけですから、過去に棚卸ししたと思っていても、定期的に強みを棚卸しするようにしましょう。

また、会社を特徴づける要素を探るものとして、企業の立ち上げにヒントが見つかることも多くあります。

創業者の言葉や精神から、どのような志で誕生したのかを探ってみると良いでしょう。

方法は、インタビューでも良いでしょうし、多様なメンバーを集めてワークショップ形式にしても良いでしょう。

“社会”の価値観と変化を見つける

そして、次に「②社会からのニーズはどこにあるか」として、現在の世の中のトレンド、業界とお客様研究を徹底的に行います。

お客様が何を求めているのか、何をしたがっているのかを、市場・消費者の嗜好《しこう》の変化、業界構造などの環境要因を研究する中で把握していくのです。

また、社会が企業に対して何を求めているのか、どのような活動を求めているのかを考えることも重要です。

世の中のトレンドを探るときは、大小どちらも意識するようにすると良いでしょう。

まずは、大きく社会の流れを捉えること。

環境問題や貧困、格差、ダイバーシティなど、社会が問題視している内容を探っていきます。

企業も、よりよい未来を作る一員として、社会から期待されており、企業が担う社会的責任は年々重くなっていると言えるでしょう。

その期待に対してどのような振る舞いをするかを考えることには、大きな意味があります。

業界やお客様の理解が足りないまま進めると、企業が発信したい想いや機能ばかりに偏ったものとなってしまいます。

一方で、大きな動向だけでなく、自分たちの周囲の動きや、抱えている課題に目を向けることも重要です。

例えば地方であれば、高齢化や育児保育などの課題などは急務でしょう。

地域やコミュニティに貢献できる領域を探していき、課題やニーズを探っていくのです。

消費者の変化を見ることも忘れてはいけません。

電子マネーの需要が高まっていることを受け、地方でもＰａｙＰａｙを導入したことで売上が大きく伸びた企業もたくさんあります。

また、環境問題に意識を向ける若手が増えていることを受け、生産者表記や原材料表記を変えたことで多くのファンを獲得した例もあります。

企業の視点だけでなく、かかわる人を巻き込み協働するために、より大きな、広い視点で考える。

大義が生まれ、賛同してくれる「人」がいれば、企業は顧客やパートナー企業まで多くの人とともに、環境問題といった大きな問題にも取り組むことができるのです。

そのために、この工程は大変重要です。

可能性を探る「コンセプトシート」の使い方

もし①と②の棚卸しに苦戦する場合は、私たちがいつも使っている「コンセプトシート」というツールを使ってみてください。

コンセプトシートは108ページに掲載しています。

このシートの上の段を見ると、「これまで」と「これから」と書かれています。組織文化などの内部環境についての「これまで」と「これから」、そして、市場や競合などの外部環境の「これまで」と「これから」の2要素を聞くのは基本になります。

さらに、事業ドメインや経営戦略について、これまでどこで戦ってきたか、これからどこで戦うのかなども詳しく聞いていきます。

「これまで」と「これから」を洗い出すことで、お客様の成功体験を作るために、自社のオリジナリティがどう合致し活かせるのかが言語化されます。

そしてそこから、目指すブランド像や理想像などの「未来の姿」が見えてきます。

コンセプトを作るときに、最も考えなければならない重要なことは、先ほどと同じです。

目に見える具体的なモノから離れていくこと。
そのモノの背後にある「人」を探し出すこと、です。

例えば、「はじめに」でもご紹介した糸柳の例では、コンセプトを考え始めた段階では、「温泉」「旅館」などの目に見える具体的なモノが最初に出てきやすかった。

しかし、**〝その背後にはいつも人がいる〟**のです。

未来の姿

目指すブランド像

差別化要因

未来の組織

必要な人物（スキル・資質）

求められる行動と姿勢

ペルソナ像

成長可能性

自社を取り巻く環境や自社の事業は、成長の可能性がどれほどあるのか？

事業の大義

人々を共感させるような事業が社会に提供している価値とは？企業の存在意義とは？

ブランドコンセプト

imajina
ここから先が、おもしろい

コンセプトシート

	これまで	これから
外部環境	市場環境と競合の戦略 顧客のニーズ 社会の変化	競争環境の変化 影響する新技術 環境対応
内部環境	組織文化・社員の意識	組織と人の課題 マネジメントの課題 制度・仕組みの課題
事業ドメイン	どこで戦ってきたか？	どこで戦うのか？
経営戦略	どうやって戦ってきたか？	どうやって戦うのか？
社会提供価値	支持される理由 どんな価値を提供してきたか？	社会貢献・地域貢献 どんな価値を提供していくか

ブランドオーナーの想い・志	成長核心（成長コアコンピタンス）
なにを成し遂げたいのか？誰に対してどんな価値を提供したいのか？ブレないブランドオーナーの想い・志とは？	技術だけでなく人や風土、戦略やビジネスモデル、企業全体を俯瞰して他と圧倒的な差別化を実現する核心とはなにか？

そこを思い出して、注意深く考えていくことで、「こころ動かす、工夫がある。」という言葉が出てきたのです。

コンセプトシートを使うときは、組織で共有される抽象的な概念なので、**1人だけで行おうとしないほうが良いでしょう。社内数人のメンバーとも話し合いを重ね、課題を洗い出していくことから始めるのがコツです。**

これらを踏まえ、最終的に、図の右下にある「ブランドコンセプト」に落とし込むというのが大きな流れになっています。

このシートは、家を建てるときの図面のようなものです。

図面があるから、どうなっているのか構造を理解できるし、補修や修理もできる。会社の図面もそうで、これまで何をしてきたか、これから何をすべきか、何を大切にしてきたのか、などに立ち戻れる背景になるものです。

シートがあれば、コンサルティングに多額の費用をかけられないという企業でも、自分たちなりに考え方や想いを整理したり、振り返ったりすることに使えるはずで、新たな発見も見えてくるはずです。

また、方向性の確認をする際などにも、このシートに立ち返ることができます。私は実際、この「コンセプトシート」をもとにクライアントにヒアリングしています。

ヒアリングを繰り返し、最低3ヶ月から半年ほどかけてまとめあげていきます。

この工程にはしっかり時間をかけてほしいと思っています。

2019年に行われた、ソニーの経営方針説明会の資料によると、ソニーでも、パーパスの策定には半年の時間が割かれたそうです。

2019年1月、ソニーグループは「クリエイティビティとテクノロジーの力で、世界を感動で満たす。」というパーパスを発表します。

２０１８年4月に吉田憲一郎氏がトップに就任後、従業員向けのブログを開設。それまでのミッションの見直しを世界約11万人の従業員に呼びかけることで、トップ主導のもと、本格的なパーパス作りに取り掛かったのです。

経営層だけで決定することなく、広く従業員の意見やフィードバックの収集を重視したプロセスをとった結果、あれだけ大きな企業であっても、多くの従業員から支持を受ける、魅力的な言葉が生まれたのです。

「感動」という言葉には、テクノロジーを軸にしつつ、ゲームや音楽といった広い事業までを手掛ける、クリエイティブエンターテインメント企業としてのソニーのアイデンティティが見えるでしょう。

数多くの企業のヒアリングをして実感しているのは、ブランディングに苦戦している企業は、自身の振り返りをしていない、ということです。

自社の置かれた状況や、これまでうまくいった、あるいはうまくいかなかった要因は何なのか、分析を行っていないからだと思います。

事業規模が小さく伸び悩んでいるところほど、この振り返りが甘いと感じることは多いです。

今の課題は何か、お客様に支持されているのはなぜか。

絶えず現状をきちんと見つめてアクションをとっている企業は、組織として強くなっていきます。

その意味でも、全社をあげてこの振り返りを行う習慣をつけておくことをお勧めします。

代替できない価値作りで、差別化する

コンセプトを作ったら、従業員だけでなく、契約従業員や派遣従業員、アルバイトやパートといった人たちに至るまで浸透させることを目指しましょう。

コンセプトを従業員に浸透させる目的とは、ブランドの軸を伝え、成長していくための指針を、作り手である従業員が理解し共感することによって行動に移すことを後押しすることです。

もちろんここで得られるメリットはブランド価値の向上もありますが、一番の目的は、**どこを目指すかの方向性が共有されることで、従業員がその目的に貢献することへのエンゲージメントを高めることです。**

生き生きと働く従業員がさらに良いブランドを育んでいく、ブランドの価値が高まり従業員のエンゲージメントも高まっていく……こうした良い循環を生むことが目的なのです。

従業員の仕事へのエンゲージメントを高めたいというときに、どのような施策を行うことを考えるでしょうか。

最初に思い浮かぶのは、やはり賃金アップでしょうか。

しかし、**お金だけで会社に対する想いが増すことはないのです。やりがいを持って生き生きと仕事に打ち込む従業員を育てるためには、お金だけでは不十分です。**

この理由は、やはりお金はお金で代替できてしまうためです。

もちろん、今は副業を解禁する企業も増えている時勢ですから、本業ではお金がもらえれば良いという考えを持っている人はいるでしょう。

しかし、企業に対して思い入れがなければ、より良い条件があればそちらにすぐに移ってしまうでしょう。

第1章でもご紹介しましたマクドナルドの事例でも、目に見える価値よりも、目に見えない価値に重きを置いているとお話をしました。

目に見える価値は、同じもので代替されやすいのです。

目に見えないオリジナルな概念を立ち上げ、言語化する。

これが唯一無二の価値提供になるのです。

会議中には役員だけでなく、現場に近いリーダーたちが自然とコンセプトを使った発言をする。

売上や目に見える条件の追求だけでなく、コンセプトに沿った、私たちが本当に目指す目的に向かった会話をしている。

このような、普段の仕事の中に浸透するコンセプトを考えましょう。

「人」を中心にし、エンゲージメントを高める

コンセプトを作るメリットとして、やはり大きいのは、従業員のエンゲージメントを高められることです。

これまでは遠く感じられた会社の未来図や方針が、コンセプトを通じて明確化され、普段の仕事と結びつくことで、会社の舵切りや判断がより自分ごととして考えられるようになります。

エンパワーメントによって従業員のエンゲージメントが上がることのメリットを、次のように大きく3つに整理します。

①離職率が低下し、定着率が上がる

モチベーションエンジニアリング研究所が2019年に実施した「エンゲージメントと退職率の関係」という調査によると、エンゲージメントの向上が退職率の低下に寄与すると言います。

つまり、従業員エンゲージメントが上がることで、従業員の企業に対する帰属意識が高まるとともに、自分の成長と企業の成長を両立させたいと思う従業員が定着しやすくなるのです。

せっかく優秀な人材を採用できても、なかなか定着させることができない企業にとっては、従業員エンゲージメントを高める取り組みは、注力するべきでしょう。

②社外からのブランドイメージが上がる

先ほど述べたように、インナーブランディングによって従業員エンゲージメントが高まった状態というのは、つまり経営方針への共感と、それを具体化しようとする仕事への貢献度が高まった状態です。

従業員は自社の魅力をもっと社外に伝えていきたいという意識を持ち、このことに

よって単にタスクをこなす作業から脱却し、パフォーマンスの質も上がるでしょう。

さらに従業員の帰属意識が高まり、アウトプットとなる、ブランド自体の価値も高まり、それにより、お客様が抱くブランドイメージの印象がさらに上がる……。

そしてそのブランドイメージにさらに応えようと、従業員パフォーマンスがまた上昇するというプラスの循環です。

③業績が上がる

慶應義塾大学ビジネス・スクール岩本研究室とモチベーションエンジニアリング研究所が2018年に行った「エンゲージメントと企業業績」に関する研究結果によると、**従業員エンゲージメントが高い企業であるほど、翌年の売上伸長率および純利益伸長率が右肩上がりであるそうです。**

①のように優秀な人材の定着率が上がり、②のように顧客を含めた社外からのブランドイメージが上がると、企業の業績が徐々に伸び始めるということです。
業績向上は従業員にとっても大きなモチベーションにつながり、これがさらに従業員エンゲージメントを上げていくのです。

社内の理解、共感、行動でコンセプトを浸透させる

そして、注意しなければならないのは、**「コンセプトを作って終わり」では、全く意味がないということです。**

コンセプトを作った。

それでは、次はどのようにして社内外に浸透させたら良いのでしょうか。

以下の3つの質問について、「はい」か「いいえ」で答えてください。

①会社が大切にしている想いや方向性を、あなたや周りの従業員は「理解」していますか

②会社が大切にしている想いや方向性に、あなたや周りの従業員は「共感」していますか

③会社が大切にしている想いや方向性を、あなたや周りの従業員は〝日々の業務で実行〞という形で「行動」できていますか

まずは、コンセプトが従業員に浸透していることが大切になります。

これを浸透させるために大切なのが、「理解」「共感」「行動」の3つのステップです。

質問の①に関しては、おそらくほとんどの企業が「はい」と答えるのではないでしょうか。

私はこれまでさまざまな企業のブランディングに携わってきましたが、ほとんどの従業員は、自社の理念自体は「理解」しています。

しかし、②「共感」し、③「行動」している従業員となると、ごくわずかになってきます。

従業員は会社への愛着を持って仕事に打ち込む、会社は従業員が意欲を持って仕事にコミットできる環境を整える。

双方が実現して初めて、「理解」から、「共感」に至り、自社の想いを社外に広める「行動」に移す流れが生まれます。

ですから、従業員が「共感」し、自発的に「行動」に移すにはどうすればいいのかを考えていかなければなりません。

想いの共有と未来の想起に「カルチャーブック」「フューチャーマップ」

従業員が自社の想いや方向性を「理解」し「共感」して、さらにそれを「行動」に移すには、それを「自分ごと」に置き換えられ「ここで働いていてよかった」「ここでもっと頑張ろう」という気持ちを喚起することが重要です。

これを企業として支援していくために、私は、会社の想いを可視化できる「カルチャーブック」「フューチャーマップ」という2種のツールを作ることをお勧めしています。

次ページの図は、全国60以上の認可保育園を運営する、社会福祉法人ちとせ交友会とともに作った「カルチャーブック」の一部です。保育士や親御さんにもわかりやすい表現を意識しました。

社会福祉法人ちとせ交友会のカルチャーブック

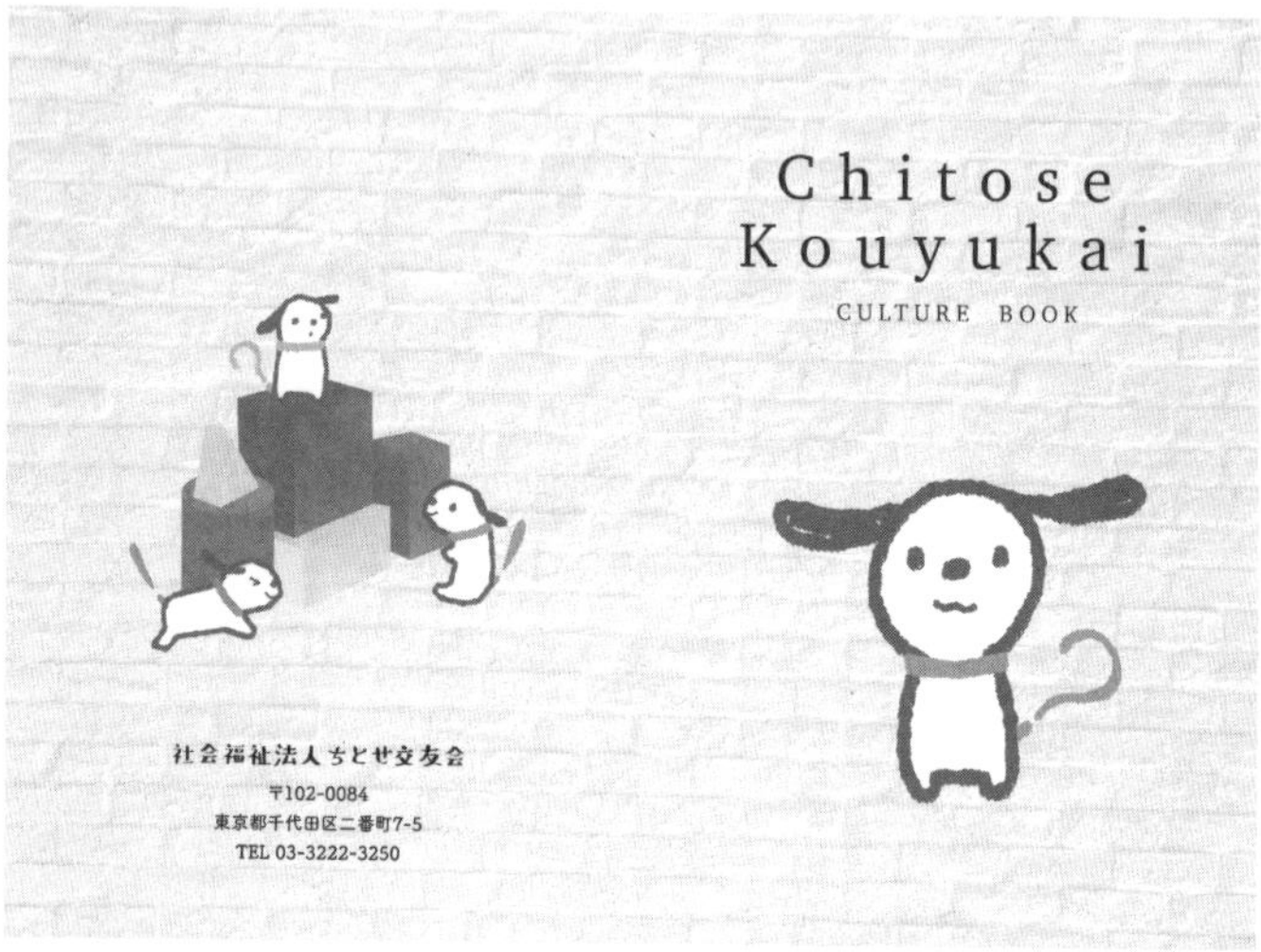

たいせつ
考えさせるを、
考える。
保育に、正解はありません。
その答を探し続けることが大切なこと。
互いを認め合い、信じ合うこと。
そこにさらなる可能性があることを、
私たちは、知っています。
09
10

なかま
もっともっと、
もっと可能性を。
「もっとこんなことができるのではないか」と
答を追究しながら、挑戦し続ける人。
11
12

カルチャーブックは主に〝これまで〟に大切にされてきた〝強み〟を言語化します。

そして、次ページにあるのが株式会社ガスパルとともに作った「フューチャーマップ（この時は、「ビジョンマップ」と呼びましたが、同一の趣旨のものです）」です。

フューチャーマップは主に〝これから〟の従業員1人ひとりの役割や、考え方、振る舞いなどを明文化して記したものです。

海外の企業ではごく一般的に作られているこれらのツールですが、日本企業ではほとんど見かけません。

あっても、クレドカード（企業の信条・行動指針を記載したカード）くらいではないでしょうか。

カルチャーブックやフューチャーマップには、〝これまで〟と〝これから〟の違いはあれど、主に以下の要素を入れていきます。

株式会社ガスパルのフューチャーマップ

テーマ：ホームライフサポート

エネルギー管理と快適な生活のバランスにこだわり、平時有事を分け隔てないシームレスな環境管理をしながら、常に人々の暮らしの不安を取り除けるような地域づくりを目指しています。

パトロールをしながら街の情報を収集・発信している「猫型ロボット」を通じて、一人ひとりの暮らしを豊かにするとともに人と人とのコミュニケーションをフォローします。

①会社のビジョンや理念

なぜ自分たちの会社が存続するのか？　存在理由は何か？　を表現します。

②社会貢献について

自分たちがどのように社会の役に立っているのか？　社会に存在する意義とは？　をわかりやすく伝えます。

就活生へのアンケートでも、企業の社会貢献の度合いを重要視している人は多く、ここはしっかり明文化すべきところです。

③コンセプトなどをもとに「想い」を明文化

「コンセプトシート」から導き出された「想い」を明文化していきます。この想いは、会社やブランドの核になっていきます。

④想いを「誰と実行するか？」

どんな仲間と「想い」を実現していくのか、会社の「人に対する考え」をまとめた、いわゆるHRポリシー（ヒューマン・リソース・ポリシー）です。

⑤どう実行するか？　を示す行動指針

これまで述べてきたことを実現させるために、いかに動くべきか。従業員の規範となる行いを伝えます。

この要素を入れるときのポイントは、カルチャーブックやフューチャーマップは、その会社に現時点で興味のない人にとっては「興味を持ちづらいこと」だということです。そして、その「興味を持ちづらいこと」を、どのように魅力的にして手に取りたい姿にできるかを考えることです。

海外では、創業と同時に自社の理念を形にした雑誌を発行する企業もあり、読む人を楽しませようとする工夫を感じます。

ブランドの世界観を表現するようなイラストや写真、漫画などを使って、コンセプトとストーリーを端的にわかりやすく伝えられるように考えることが重要です。

難しい言葉、余計な言葉をそぎ落とし、会社の想いを体現する言葉だけを厳選して短い文章にまとめる。

先述しましたが、マクドナルドは、経営理念や株式資料を難しい言葉で作ることをやめて、従業員そしてお客様に対しても、誰にとってもわかりやすく開かれた言葉に変えて発信し直すようになりました。

自社の想いが浸透し、愛着を持って仕事をしている従業員は、自分たちの会社の魅力をいかにして社外に伝えられるのか自らの頭で考え、社外に伝えようと「行動」に移します。

〝やらされ仕事〟ではありませんから、創造性が上がり、従業員のパフォーマンスは向上し、かつ、お客様の企業に対するブランドイメージも上がることにつながります。

この仕組みが長期的に機能すれば、優秀な従業員の定着率が上がり、業績の向上にもつながっていきます。

経営と育成をリンクさせる評価制度

エンパワーメントを成功させるには、採用や従業員評価といった、人を見るときの「評価」と結びつけて考えることも大切です。

従業員の進退や給与にかかわる評価制度については、「なかなか手が回らなくて」と後回しにされやすいものです。

日本企業は、評価制度の構築や運用は人事部の扱いであることが多いでしょう。

日本企業の人事部は、入社から退職の諸問題にかかわり、法令に則《のっと》って人事に関するさまざまな問題を処理するので、「リスクを避けること」が優先順位の上位にランクインしてしまいます。

ですから日本企業が評価制度で重視するのは、「法令に抵触しないこと」や「公平な評価制度」になります。

法令を守るのは当たり前ですが、「公平な評価」とはいったい何なのでしょうか。

そのようなことは実現可能なのでしょうか。

評価軸をどんなに増やしても、人が人に点数をつける限り公平になりようがない。

まずはここを自覚する必要があると思います。

評価すべきは、会社の想いや方向性を「理解」し、「共感」したうえで「行動」に移している人。

そして、会社をよりよくしようと頑張っている人ではないでしょうか。

彼らに対してきちんと評価する仕組みがあるべきなのです。

成長の見込みのある人、頑張っている人を抜擢《ばってき》すること。

そして、意識の低い従業員は下に降りてもらうなど、「変わらなければいけない仕組み」を実現する必要があるのです。

「頑張る」の定義や貢献の定義まで含めて、しっかりと決めていくことが大事です。

こうして考えていくと、**人材をフルに適材適所で活用することと、ブランドを社内に浸透することは同じ動き**となってきます。

例えば、人権・ジェンダー・環境への配慮を明言しながらダイバーシティへの対応を検討した企画が生まれていない。

二酸化炭素排出量の削減を掲げていながらもそのためのプロジェクトが立ち上がっていない……など、「言っていることと、やっていること」が矛盾している企業を見かけることがあるでしょう。

会社の想いに沿ったパフォーマンスと賞与を連動させる、評価するといった、会社が大切にしている想いや方向性と、社内の仕組みは辻褄《つじつま》が合っているのが理想的。

ですから、ここを合わせようとする取り組みは、ブランディングをしているのと同

じことになるのです。

評価制度が正常に機能している企業ほど、従業員の想いは強固になり、それが社内外で輝けるブランドイメージとなっていくのです。

従業員の頑張りをどのように評価するかに、決まった方法はありません。

会社ごとに決めていかなければならないので難しい問題です。**けれど考え方を変えてみると、会社ごとに考えなければならないからこそ、企業が何を重要だと捉えているかが大事になってくるとも言えるのです。**

評価基準を新たにする際に注意しておきたい事項を4点、お伝えします。

①メッセージを込めよ（評価項目を決める）

実のある人事制度には、**単純明快な「メッセージ」が込められていることが多いと感じています。**

評価項目を設定する際には、会社のポリシーや、今後会社が大切にしたい行動規範など、自社のブランドを積極的に反映させることが大切です。

会社の理念と従業員の行動をつなぐ架け橋として活用できるようにする。メッセージを込めることはその第一歩です。

②明確な差をつけよ（評価の尺度を決める）

評価項目が決まったら、**同じ評価項目で優劣の差が明確につくようにレベルを設定します。**

レベルは4段階でも5段階でもかまいませんが、あまり多すぎると差がつきにくくなり、少なすぎると報酬と結びつけたときに従業員が二分し、モチベーション管理が難しくなります。概ね3～5段階の中で、誰が見ても差がわかるようにレベル分けをすることが大切です。

③評価者を鍛えよ（評価の運用）

評価基準を作っただけで、実際に運用できていない会社は少なくありません。**大きな課題は管理職が適切に評価できないという点にあります。**

評価基準の作成にあたっては、必ずその意味するところ、具体的な運用の進め方について、経営・人事サイドから直接話し、管理職が理解し評価していける仕組みを構築することが重要なのです。

ここを後回しにしてしまう企業は大変多いですが、評価者である管理職に企業の志、目指す方針をしっかり伝えることに時間をかけていくことがとても大切です。

④報酬につなげよ（評価結果の活用）

「評価と報酬がリンクしていない」という企業を見かけることがあります。

しかしこれでは、せっかくメッセージを込めて作った評価も効果を発揮できません。

報酬は、やはり従業員にとっては自分の評価を一番感じられる部分となります。

ですから評価と報酬は、必ず直接結びつくように設計し、かつ実際に運用することが肝心です。

新しい評価基準を入れたことにより、報酬水準の上下や社内の反発はあるかもしれませんが、それは想定内の出来事として捉えることです。

恐れずに実施していきましょう。

第4章

エンパワーメントに成功した企業たち

事例1

石和名湯館 糸柳
コンセプトで1人ひとりの志を引き出す

コンセプトが定まれば、1人ひとりがエンパワーメントされ、動き方が変わっていく。

その事例として、「はじめに」でも紹介しました、山梨県の石和温泉にある旅館の「石和名湯館 糸柳」をご紹介します。

糸柳は、明治12年に創業され、石和温泉の中でも人気のある老舗旅館です。

しかしそんな糸柳でも、団体客が減ったことでこれまでの経営方針を見直す必要性に迫られ、今後個人客をどのように集客していくかという問題に直面していました。

そのような苦境の中で、「鼓舞し合い、団結して苦境を乗り越えるために、そして〝コロナ後〟のためにできることをしたい」と私たちにご連絡をいただきました。

糸柳のブランドコンセプトは、「こころ動かす、工夫がある。」。このコンセプトに至った理由と、このコンセプトをいかに具現化したかについて、お伝えします。

チャレンジから生まれた新しいコンセプト

もともと糸柳は、おもてなしの質の高さがお客様から、非常に高く評価されていました。

コロナ禍以前から、数々の旅館が軒を連ねる石和温泉の中でも長年支持されてきたのは、ホスピタリティに溢れているから。

ホスピタリティが強みとなって、お客様に支持され、リピートされていたのです。

糸柳とともにコンセプトを策定するときに私たちが目をつけたのも、やはりその強いホスピタリティでした。

上から与えられた仕事の範疇《はんちゅう》では収まらないであろう、従業員の自発的な提案によって習慣化されたように見える工夫が、あちこちに施されていたのです。

例えば、糸柳の宿泊客のプロファイルシートの充実ぶりは、類を見ないほどに細かく丁寧でした。

アレルギーの有無をはじめ、どんな車で来たか、どんなバッグを持っていたか、夕飯時にはどんなお酒を飲んでいたかなど、お客様の情報で気づいたことが細かく記録されています。

何を記録すべきか、お客様のどのようなところを見るべきかといった内容も、業務の中で自発的に議論され、拡張されていった跡がありました。

では、これらの工夫を実行する従業員は、どのような志を抱いているのだろう？

どのような想いから、これらの工夫を実行するに至ったのだろう?

ヒアリングを続けて、糸柳にかかわる人々に共有されていた志や、従業員の中にあった密かなチャレンジを抽出したときに生み出されたコンセプトが、「こころ動かす、工夫がある。」でした。

言葉になったことで、人それぞれの中で曖昧にあり、でもふんわりと組織の中で共有されていた想いが形になり、認識し合えるようになったのです。

腑に落ち、腹落ちする感覚が生まれたことで、糸柳で働く従業員の方々も、日々の業務をより自信を持って力強く行うことができるようになりました。

さらに、コンセプトがあると、企画を考えるときも、スムーズにことが進みます。糸柳でも、「こころ動かす、工夫がある。」を具現化するアイデアが次々に出てきました。

例えば、糸柳の客層は、お子様連れのご家族や高齢のご夫婦なども多い。このことから、この方たちに楽しんでもらえることを考えて、お料理のメニューにある天ぷらを目の前で揚げて出すようにしてみる。

小さなお子様連れのご家族には、到着後、親子でピザを作れるワークショップなどを開催し、夕飯時に食べられるようにするといった案などです。

糸柳が持っていたおもてなしのDNAは、「こころ動かす、工夫がある。」というコンセプトで言葉として共有できるようになってから、さらに活性化されていったのです。

「どうしたら、お客様のこころを動かすことができるだろう」
「そもそも、こころが動くとはどういうことだろう」
「お客様目線に立ったときに、〝あ、今、こころが動いた〟〝こころが動くというのはこんなに幸せな感覚なんだ！〟という瞬間が訪れてほしい」

「こころ動かす、工夫がある。」を実現するためにさまざまな提案が活発に議論され、実行されていきました。

コンセプトを起点にアイデアをより深める

糸柳には、自慢の朝食ビュッフェがあります。

「地元の名産をたくさん味わってほしい」

「朝からふんわり卵を食べられたら幸せな気持ちになれるだろう」

「目の前で調理をして、エンターテインメント性も出しつつ、〝できたてあつあつ〟を楽しんでもらおう」

など、「1日がスタートする朝だからこそ、一番のおもてなしを提供したい」という**従業員のおもてなしの想いが次々と実行されて、圧倒的な品数を誇るビュッフェが誕生していました。**


社長自らがビュッフェのコーナーに立ち、調理をすることもあるほどに朝食ビュッフェには従業員皆が参加しており、お客様にも大好評。

ただ、ビュッフェをはじめとして旅館全体としても提供されるサービスが多くなりすぎた結果、お客様が知りたかったサービスにアクセスできないという問題も生まれていました。

とはいっても、これは悪いことではありません。

この問題は、さらにコンセプトを深めるための起点になりました。

私たちイマジナが企画をお手伝いした際には、こうした数々のチャレンジが行われていることをお客様に届けるための方法を共に考えました。

どのようにお伝えしたら、「こころ動かす、工夫がある。」の工夫とメッセージがお客様に届くか。

この視点から、146ページのような〝館内マップ〟の作成を提案し、実行しました。

糸柳のコンセプト

「憩い」は、なにから生まれるのだろう。

出逢うすべてのひとを、家族のように想い、

おもてなしの心を感じてもらう。

愉しみと、癒しを、感じてもらう。

そのために、私たちはなにができるのか。

探し続けることをやめてはいけない。

こころ動かす、工夫がある。

困難に直面しても、

できることを積み重ね、喜んでいただいてきた。

想いがつくりあげる、上質な空間。

未来を切り拓くのは、ひとのちからだ。

いまある環境と、力を、最大限に生かし、

託されたものをこの先へ。

未来は、想いがつなげていく。

糸柳の館内マップ

糸柳をお楽しみいただくための、
おすすめの過ごし方
ステップ 1
ほっと一息、コーヒーブレイク
ステップ 2
長旅の疲れを癒す、極上の自家源泉
ステップ 3
ととのう、
そしてうるおう薬石浴
ステップ 4
16:00~19:00
湯上がりのカラダに
染み渡る一杯を
ステップ 5
明治からの伝統を引き継ぐ、
こだわりの会席料理
ステップ 6
吹抜け、広々ゆったり
これが本物の貸切風呂
ステップ 7
ふわふわ、
手焼きのこだわりカステラ
ふじ
「万葉館」
フロント
ロビー
コーヒーラウンジ
売店
甲州カステラ
楓
花
月
雪
バリアフリー
15:00~23:45
6:00~11:45
6:00~23:00
(最終入場22:30)
7:30~22:00
5:00~25:00
(サウナご利用時間6:00~23:00)
9:00~18:00

企業のDNAや志から生まれたコンセプトがあれば、コンセプトを起点にして、企画やメディア化、発信といった具現化の方法は次々に生まれてくるのです。

そして、コンセプトが人々の関心を引き寄せ、共感を生み、行動を呼び起こすようになっていきます。

次第に発想は、コロナ後の糸柳、という未来にも向いていきます。

もともとお金に余裕があり海外旅行を楽しんでいた人たちは、新型コロナウイルスの発生以降、こもらざるをえない状況にあります。

全国旅行支援等の政府の施策もあり、国内需要は必然的に高まっている状況です。ですから、今を糸柳に行きたいという層を獲得するチャンスにしよう。

そう捉えて、コロナ後という次のステージに移ったときに、すでに選ばれている旅館になっていることを目指そう！　と、未来の目標を皆で共有していきました。

あるべき姿を追求する

「こころ動かす、工夫がある。」というコンセプトが生まれたのは、もちろん糸柳がおもてなしの手厚さを強みに持っているからでもありますが、同時に、この立地にも所以《ゆえん》があります。

糸柳は山梨県にある旅館ですが、実は、東京・新宿から1時間半ほどの距離にある旅館です。

「東京から1時間半」というのは東京近郊に住んでいる人にとっては「意外に近いよね」と感じる距離です。

東京から1時間半以内で行ける人気観光地は、箱根や熱海などがありますが、糸柳も、箱根に行くのとさほど変わらない時間で行けるのです。

しかしこのことを、とくに若い世代ほど知りません。

「山梨県」というイメージと「石和温泉」という知名度が足りないがゆえに、何となく遠いところにありそう、というイメージを抱かせてしまっているのです。

糸柳は、箱根、熱海など人気エリアにある旅館や、大手のグループ旅館などと比べても、ホスピタリティはひけをとりません。

これらの旅館と肩を並べ、「山梨にある糸柳もいいよね」と候補に挙がるような宿になる。

地元の人々から愛されている糸柳ですが、今後は、県外の人、都心の人の心を動かす。

同旅館の実現すべき未来図を考えたときに生まれたコンセプトでもありました。

コンセプトをPRの隅々に行き届かせる

次に考えるべきは、「こころ動かす、工夫がある。」というブランドコンセプトを、いかに発信していくかです。

糸柳の場合、サイトのコンテンツも増やし、最もお客様に響くよう発信するにはどうすれば良いか、日々ブラッシュアップしています。

例えば、多くの企業で曖昧に注力してしまいがちな、写真の見せ方についても細かくチェックします。

サイトの構築というのは、細部を見ればクオリティがはっきりとわかるものです。依頼したホームページ制作業者、カメラマン、ライターなどの腕によるところが大きくなり、「誰に頼むか」というのが重要になる部分です。

例えば、写真1つをとってみても、コンセントなど見えなくて良いものを隠したり、使用する色を決めて統一を図ったり……。

「こころ動かす、工夫がある。」というブランディングをする以上、写真1つとっても、行き届いている必要がありますから、細部にまでこだわりぬくことが重要です。

また、少しテクニック寄りの話にはなってしまいますが、**強みの棚卸しができている場合、それをさらに分析して、検索キーワードに落とし込むことを考えるのはPRとして1つの重要な戦略です。**

これはSEO（検索エンジン最適化）対策とも呼ばれるものです。

例えば、先述したように「箱根」「熱海」と同程度の「東京から1時間半」という強みがあるのであれば「箱根」「熱海」「東京から1時間半」のキーワードから逆に糸柳に人が来てもらうことを考えて、サイトの構造を変更できないか考えてみるのです。

お客様の行動から検索ワードを考えてみるのも有効なコツです。

お客様が東京から泊まりに来た場合、宿泊と同時に周辺の地域を観光したいと思うでしょう。

例えば糸柳には、近いところに武田信玄を祭神とする武田神社があり、この神社は全国的に知られており、キーワード検索されることが多かった。

この武田神社を旅館近辺の観光案内として紹介することで、武田神社を調べようとした人の目にもとまるようになります。

とくに今回のように、「まずは知ってもらう」ことを狙《ねら》うのであれば、自社の周辺で、インターネット上でよく検索されているキーワードを研究して、活用できるようにしておくべきでしょう。

ミシュランの三ツ星レストランなどの高級店は、コロナ禍であったとしても、つねに予約でいっぱいです。

有事だとしても、「それでも行きたい」と思える価値を感じるから、比較的安心な時期を選んで、お店に出向いてもらえるのです。

事例2

イムラ
カルチャーブックで受け継ぐDNAの誇り

コンセプトを策定する中で、過去から連綿と続く企業のDNAがとくに人々に重要なものとして共有されていることに気がつくケースがあります。

そのようなとき私たちは、受け継がれるDNAをカルチャーブックというストーリーにまとめることを提案しています。

カルチャーブックを制作した事例として、奈良県奈良市にある株式会社イムラをご紹介します。

イムラでは、カルチャーブックを制作したことによって、自分たちが「なぜこの仕事をするのか」「するべきなのか」の意義が明確になりました。

意義を探っていくほどに、イムラの事業課題と社会課題のつながりが見えてきたのです。

カルチャーブックの制作を経て、一企業の「仕事」という範囲を超えて、より多くの「人」がかかわるべき姿が見えてきた。

すると、大学などの研究機関と協働して探究する価値があるものだ、未来を担う若手にもかかわる話だからしっかり巻き込む発信をしていこう……等と、次にやらなければならないことが次々と生まれていきました。

同社は、吉野杉という最高級ブランドの杉を使った家作りを行う工務店です。柱や梁《はり》等の構造材の他、天井・床・建具・収納等の内装材に至るまでふんだんに吉野杉を使い、壁には調湿性のある珪藻土《けいそうど》を塗って健康で快適な家を建てています。

ここで、「吉野杉?・」と思われた方は多いかもしれません。**最高級の杉の木のブランドであり、色や香り、質感も一級品であるにもかかわらず、その価値が知られていない。**

明治神宮にある南参道鳥居（第一鳥居）が1920年の創建以来、100年ぶりに初めて建て替えられたことが話題になりましたが、その柱に使われている杉も、吉野杉です。

これほどに伝統と信頼のある国産の最高級の杉のブランドでも、世の中に知られてこなかったのです。**そしてこのことが、まさにコンセプトを考えるうえで大きなポイントになりました。**

吉野杉は、室町時代に奈良県川上村《かわかみ》で植林が行われた記録が残る、世界最古の人工林です。

藩政時代より、森林の管理・保護をする「山守《やまもり》」と呼ばれる人が吉野の山を500年以上も守ってきました。

何代にもわたって木を育て、世の中に提供し続ける。

その志を持つ山守が、現在においても伝統を継承し、丁寧に育てられている杉は、吉野杉だけです。

それは、ただ歴史がある、ということではありません。

木が守られる理由がしっかりあるのです。

長い年月をかけて山守の手で育てられた吉野杉の強度は、他県産の1・4倍。節が少なくまっすぐに生長するため、1年ごとに重ねられる年輪の幅がほぼ一定で密なので、構造材として最適です。

1本数億円の値段がつくこともあるほど、価値の高いものとして重宝されていました。

また、その香りと色ツヤも一級。吉野杉は美しい淡紅色をしていて、見た人の心を虜にする芸術です。

そしてその独特の香りの良さは江戸時代から樽丸材《たるまる》、とくに酒樽として人気を呼んでおり、現在でも、鏡開きに使われる酒樽の内側に使用されることが多いものです。

イムラでは、奈良県の強度・含水率の出荷基準をクリアした奈良県認証材のみを使用するなど、徹底して良質な吉野杉にこだわって住宅作りを行っています。

価値＋志を知ってもらうためのストーリー

質の高い吉野杉を使ったイムラの家作りは、社会的なトレンドを見ても追い風を受けている部分があります。

コロナ禍以降、１日の時間の多くを家で過ごす人が増えています。

今後もその傾向は高まるだろうと言われており、さらに健康に配慮した住宅が見直される可能性が高まるとも言われているので、天然杉を扱うイムラにとって追い風となるポイントはいくつもあります。

さらにイムラは大工など質の高い職人を自社に抱えていることから、「地元の材料で、地元の大工、左官職人、建具職人が、地元で建てる」という循環型企業としての自負とこだわりを持っていました。

それでも、認知度が上がらない。なぜか。

仮説として、イムラが持っているそれぞれの魅力がバラバラになってしまっていることが挙がりました。

そこで、**商品（木）×社会トレンド（自宅時間の充実化）×社会的意義（林業再生につながる環境循環型事業）というそれぞれの強みを1つのストーリーとして統合し、言語化することを考えました。**

中心に据えたのは、やはり吉野杉の持つ唯一無二の魅力でした。

ブランドがあり、高くてすごい木である、というだけでなくその中身を見直すこと。**吉野杉が持つ具体的なその質感をしっかり伝えることを第一に考えることにしました。**

吉野杉の魅力を測るために、奈良県立医科大との共同研究を実施。イムラは、産学連携で防カビ・抗菌効果の高さといった天然杉の良さ、そして天然杉の中でも川上村産の吉野杉が特に秀でているアレルギーへの影響などについて共同研究を行っています。

この研究により、感覚でしか持てていなかった効能を数値で示すことが可能になり、吉野杉の価値が科学的にも証明されたのです。

「良い」とわかっているものでも、それが具体的にどう良いのか、人に伝えようとするのは実は意外と難しいことです。

しかしここの追求を行い、しっかり「良さ」が見えてくることで、改めてこの「良さ」を育み生み出した地域環境や熟練の匠の技の偉大さ、これまで会社が行ってきたこと、自分たちが仕事をしている意義の大きさ等を実感できるようになっていくのです。

そして、社会的視点でも語るべき価値のあるものだと、巻き込む「人」の範囲を広げるに至ったのです。

ストーリーの中心に据えるべく吉野杉の唯一無二の魅力を考え、付加価値を上げるために、コンセプトは「五感にこだわる」となりました。

イムラに「お客様に、どのように吉野杉の良さをお伝えしているのか」をヒアリングしたところ、「ショールームでは、実際に裸足になって吉野杉の床を歩いてもらっています」という答えをいただいたことをよく覚えています。

たしかに、ショールームに入った瞬間に漂う吉野杉の良い香り、吉野杉でできた床を裸足で実際に歩いて感じる感触、珪藻土のあたたかみ……。

「家が、呼吸している」ことを、吉野杉を通して体感できました。

また、家の70％近くを吉野杉で建てることにより、天井、床、引き戸、階段など随所に、木が織りなすアート的な美しさも実感します。
それらを、感じてもらいたい。

音を、呼吸を、匂いを、手触りを、美しさを。

次ページにある画像は、五感にこだわる理由とその背景にあるストーリーをまとめたカルチャーブックの一部です。

イムラのカルチャーブック

山守の歴史は、五百年。

何世代にもわたり
受け継がれていく、一本の木。
それはまるで、
自然と人が創りだす芸術作品のよう。

イムラの歴史は、百年。

まだまだ、道半ば。
その魅力に、想いに、
まっすぐ向きあっていく。

Culture Book
株式会社イムラ

言葉は、
感情を超えられない。

一度触れたら、
心が動く。
五感がすぐに
気づいてくれる。

何千年も前から
日本の宝だった素材。

その魅力の伝え方に、
こだわりたい。

【私たちが大切にする想い】
五感にこだわる
音を、呼吸を、匂いを、
手触りを、美しさを。
こだわれることに、感謝する。

社会課題と事業課題をつなぎ、多くの「人」を巻き込む

中心となるコンセプトを策定したら、その意義を発信して、「人」を巻き込むことを考えていきます。

イムラは、先述したように、唯一無二の特徴を持つ吉野杉を扱うということ以外にも、強みがあります。

その強みを、中心となるコンセプトを軸に発信していきました。

イムラの場合、限界集落である奈良県川上村の吉野杉を積極的に使うことは、約500年の歴史を持つ吉野林業を継承することでもあります。

同時に、吉野の森の保全と整備にもつながっているものです。

山守と呼ばれる熟練の職人たちが木を守ると同時に産業を生み出しているのです。


しかし、吉野杉をとりまく現状は、良いものとは言えません。

木材需要の減少等によって林業は厳しい不況の波を受けています。

燃料の高騰によって、木を整備する作業にも影響が出てきています。


また、最高の木を品質の高いまま扱うには熟練の職人の技が必要ですが、この担い手の減少や高齢化の問題を抱えています。

事業が縮小することで山林の手入れ不足が深刻化し、過疎化も進行します。


川上村は民間企業の力に大きな期待を寄せています。

このまま木の価値が下がれば、山守と、これまで引き継がれてきた文化が途絶えてしまいます。

それと同時に原産地である川上村も衰退してしまうのです。


伝統ある人を、事業を、地域を、自然を守っていくためには、イムラの事業の存在

意義をより強く自覚することが必要だ。

そのように考えたイムラと共に、次は、事業の意義に共感して参加してくれる人、後継者となる若い人を巻き込むことを考えていきました。

カルチャーブックでは、**環境問題や社会問題に敏感な若い世代に興味を持ってもらうことを意識して制作しています。**

そして、少しでも興味を持ってくれた若者に吉野杉の素晴らしさを伝える。吉野杉の住宅を購入してくれた人には、さらに、彼らの子ども、孫にも伝え続け価値を残す。

未来の循環までを見据えた、イムラの企業としての存在価値と将来の希望がくっきりと浮かび上がります。

そして、重要なのが、**イムラの目指す「あるべき姿」は、大きな視野を持っているがゆえに、その試みに賛同する多くの方と一緒に目指せる姿になっていることです。**

社会課題と事業課題がつながることで、「イムラがなぜこのビジネスを行っている

か」という意義が強固になり、共感性の高いものになります。

まずは、若い人に、いかに吉野杉と、それに携わって住宅を作るイムラをわかりやすく伝えるか。

〝イムライズム〟のブランディングをさらに強化し、適したところに発信するには何をすればいいか。

未来のイムラのあり方については、現在進行形で模索し続けています。

事例3

カネテツ
フューチャーマップで仲間を募る

これから先、どのような人と一緒に、どのような未来を作りたいか。

10年後、50年後の未来を想像することは、仕事へのモチベーションを創出するうえでも大変重要です。

そしてそれは、一緒に働いている従業員だけでなく、新しい人を迎え入れたいときにも同じです。

過去には影響を与えられませんが、「未来の姿」は、ともに目指せる1つの道標となります。

人を中心に企業を立て直したいと考えるとき、採用はこのかなめとなります。

しかし、これまでにもお話ししてきたように、人は白紙から何かをイメージすることはできません。

私たちの可能性がどこにあるのか、どこに向かっていけるとワクワクするか……。

社員のモチベーションを高め、採用を強めたいとき、私たちは未来の姿を探る、フューチャーマップの作成を提案しています。


フューチャーマップによる採用の事例として、カネテツデリカフーズ株式会社（以下、カネテツ）をご紹介します。


同社は、兵庫県神戸市に本社を置く、かまぼこやちくわ、かに風味かまぼこなどの魚肉練り製品を製造・販売する水産加工品業者です。

地元や関西では有名企業の1つとして知名度もあります。

本物と偽物の食べ物を食べ比べて、どちらが本物かを当てるような企画の全国区の有名テレビ番組でも、偽物のかにとしてカネテツのかに風味かまぼこが使用されることがあるほど、その味は本格的です。

不確定な未来だからこそ、皆で描く

カネテツは、新型コロナウイルスが流行し、家時間が増え、家庭で食される練り物製品が増えたことで、コロナ禍でも売上を伸ばしていました。

コロナ禍のピーク時にも工場がフル稼働している状況です。

ただ、これは良いことばかりではありません。

社会的な非常時に忙しさが増すというのは、安定性が崩れるという意味でもあります。

そうすると従業員から不安の声も上がるようになってきました。

コロナ禍は、カネテツに限らず、多くの方が将来の不確定さに不安を覚えた時期だと思います。

そのような不安定なときであるからこそ、進む未来を描くべきだ。

カネテツのこのような考えから、弊社に依頼が来ました。

フューチャーマップを作るにあたっては、1つの新規プロジェクトとして全社をあげて行いました。

トップ層だけではなく、営業、商品企画・開発、生産、総務……など、あらゆる部署から年齢、性別、役職を問わず人を集め、フューチャーマップを作り上げます。

ヒアリングやワークショップを中心に集めた意見をまとめると、さまざまなビジョンが寄せられた1枚の未来図が生まれました。

次ページにそのフューチャーマップを紹介します。

おいしさ
未来研究所
カネテツ
KAG
KAG
KAG
カネテツ
Perfect Nourishing Food LABO
D-LABO
ROCKET LABO
Kanetetsu
Nourishing Life
地球にやさしい循環型農業で「水」を守りたい
KAG

カネテツのフューチャーマップ

採用では「共に描ける未来」を示す

このフューチャーマップは、採用において力を発揮しました。

食品メーカーというと、仕事のイメージとしては地味で、ルーティン作業が多い……というネガティブなイメージも抱かれやすい業種です。

また、自分たちの仕事の意義や将来への可能性、広がりというのもイメージがしにくいと思われていました。

けれど、このフューチャーマップを作ったことで、自分たちの仕事が作るあらゆる未来の可能性が見えてきたのです。

「私たち／私はどうしてこの仕事をするのか」。この志を失ってしまうと、仕事というのはとたんに苦痛を伴うものになってしまうものです。

ビジネスと人の志をつないだうえで未来の可能性を共に探ることは、働く意義を抱き、誠意と熱意を持って働くために、人の力を引き出すために企業がしなければならないアクションだと思います。

フューチャーマップを「作って終わり」にしない

カネテツでは、出来上がったイメージを、食堂や通路、入り口など、会社中のあらゆる場所に貼っていきました。

そうすることで、**ふとした休憩時間などに従業員同士、そして取引先のパートナー企業などとのコミュニケーションの話題となるのです。**

自分たちの言葉で未来を話したり聞いたりするきっかけにもなっていきました。

これまでにカルチャーブックやビジョンマップを紹介してきました。

これらは、曖昧だった概念を浮かび上がらせ、人と人の間で共有するために強力な武器となります。

ですが、作って終わりでは意味がありません。

あくまでこれらは、意識の中で曖昧になっていた概念に言葉を与えて浮かび上がらせただけのものです。

重要なのは、この言葉を使うこと。

折々に思い出したり、自分の言葉で語ったりすることこそが目的です。

フューチャーマップは、未来に目を向けるきっかけを作ります。

例えば、住友商事株式会社も、「22世紀プロジェクト」と題し、ソーラーパネル、風力発電機のある無限のエネルギーが世界を動かしている未来設計図というフューチャーマップを描き込んでいます。

私たちはつい、目の前の業務で手一杯になってしまうものです。

とくに、本社以外の工場や製造現場で働く作業員、店舗で働くアルバイトなどは、会社が大切にしている想いや方向性といった全体像が見えにくいことがあります。

その中で、先を見つめてみんなで考える時間を持ったり、フューチャーマップのようにビジュアルに落とし込んでみたりすることが大事です。

その作業は、未来を見据える習慣を身につけることにつながるのです。

人は、想像したものしか形にできません。

描いていない未来にたどりつける人はいません。

昔、スーパーを経営するクライアントとこんな話をしたことがあります。

「もしかしたら10年後には、店員がいなくて無人で、キャッシュレスで全部買い物をすませることができるかも。そんなスーパーがあったらいいね」

そんな未来像を共に描いたことがありました。
そして、その数年後の２０１８年にはＡｍａｚｏｎがレジなし無人スーパーを開店していました。

10年後の未来を描いたことが、前倒しで次々と実現している感覚があります。私には、世の中が加速しているような感覚があります。

今は、変化の激しい激動の時代です。
だからこそ、自分の会社が何をしようとしているのか、とくに組織が大きくなるほど、みんなで先を見据える目を持つのが、大きなポイントになると思います。

事例4

ジオ・サーチ
可能性の発見で新規事業にも挑戦

最後に、コンセプトをもとに新規事業にも挑戦しているジオ・サーチ株式会社の事例を取り上げます。

ジオ・サーチの強みは、地下を可視化する技術を有していること。

地下を調査し、生じている空洞を発見することで「陥没を予防する」市場を切り拓いたフロントランナー的存在です。

ジオ・サーチは、インフラ調査事業を行い、順調に業績を伸ばしてきました。

しかし、**この技術はインフラ事業のほかにも社会の役に立てる可能性があるのではないか、自分たちの可能性を限定せず、広げることができるのではないか、と考え、**

私のもとに相談がありました。

検討していく中で、次のようなコンセプトを見つけていきます。

真価を見つけ、進化する。

未来を見据えた次の一手となるこのコンセプトを、いかに見つけていったかについてご紹介します。

これまでは限られた領域の仕事を行っていたのを、これから先はより多くの「人」を巻き込み、「人の力」を引き出すことを考える。

大切なのは、第3章で述べたように、「①自分たちのオリジナリティはどこにあるか」という内部要因と、「②社会からのニーズはどこにあるのか」という外部要因の2点を明確にすることです。

そして、この2点が重なるところにコンセプトは生まれます。

①は、ジオ・サーチの事業の大義である、「人の暮らしと命を守る」という譲れない想いでした。そして②は、社会的なニーズとして考えられる「地下ＤＸ事業」。この2点が重なるところを考えたのです。

コンセプトから考えられる新規事業の可能性

地下はまだ未解明なところが多くあります。

人類が未知なる宇宙へ希望と好奇心と可能性を抱くのと同じように、実は足元にある地下にも可能性は広がっているかもしれないのです。

未知の領域の開拓は、人類の進化にも貢献するでしょう。

ジオ・サーチ株式会社は、地下を可視化する自社の持つ技術をもとに、他の企業とコラボすることで、「地下版・Ｇｏｏｇｌｅマップ」を作ることも構想しています。

地下を可視化するために、地下を可視化するスケルカ技術を搭載したスケルカーと呼ばれる車を開発し、路面を走るだけで短期間でその走行した地下を可視化することができるようにしました。

しかし、**ここまで技術が揃っていても、自分たちだけで全国各地あるいは世界中に車を走らせるには莫大な費用がかかり、かつ、マンパワーも足りません。**

そこでジオ・サーチは、他の企業と協働することを考えます。

例えば、タクシー、宅配会社のトラックの下にスケルカ技術を搭載した機械さえ取り付ければ、行く先々の地下マップ情報が入手できる。

こちらの労力はかけずに全国各地の地下マップを作成できると考えていったのです。

この視点があれば、世界中の企業と手を組んで、「世界の地下版・Ｇｏｏｇｌｅマップ」を作り、その結果、人の命と暮らしを守ることができるようになります。

ジオ・サーチは、日本以外にも、ジオ・サーチが持つ減災技術で救える人たちがたくさんいると考えました。そして、海外へも積極的に進出していきます。

インフラの老朽化という問題が抱えるリスクは、まさに、世界の成熟都市で共通する課題です。

激甚化する自然災害による被害も、全世界規模で広がり続けています。

ジオ・サーチが磨き高めてきた技術は、近年ますます問題化している世界中の都市の減災に役立つと実感していることも世界へと視野を広げた理由の1つです。

安全を守りメンテナンスの高度化・効率化を実現していくためにも、ジオ・サーチの持つ減災技術をもっと広く世界に普及させたい。

そしてこの減災技術と、他社の優れた技術を掛け合わせれば、そこにまた新たな可能性が生まれるでしょう。

産学連携や民間企業が有するさまざまな先進技術とマッチングすることで、新たな価値ある技術を生むことができる、そのような期待もあります。

ですからジオ・サーチは、日本にとどまらず、世界へ、もっとオープンにと考えていきました。

オープンイノベーションで技術・サービスを広げ、想いを共にする仲間とつながる。新たな価値連鎖を生み出すプラットフォームとなることで世界に革新的な未来を創造していく、そのような新規事業を構想しているのです。

第5章

さらなる未来に向けて「エンパワーメント的採用」

採用におけるエンパワーメント

これまでにエンパワーメントを実行するためのコツと事例を読んでいただきました。エンパワーメントをどのように一貫性を持って行うべきか、全体像と重要性を理解していただけたのではないかと思います。

ここまで読んできていただいた方に、最後に、秘訣《ひけつ》となるようなものをお話ししたいと思います。

私は、本書の随所で、エンパワーメント実現のための経営・育成・採用をお話ししてきました。

その中でも私がとくに重要であると考えているのが「採用」です。

「採用」はすべての始まりであり、未来そのものであるためです。

私たちは2700社以上の企業をブランディングし、そのほとんどを増収・増益へと導いてきました。

ですので、この実績は何かしらの成功の秘訣を持っていることを表しているのだと考えています。

「採用」は多くの企業がクローズドにして、表に出さないことが多いものだと思います。

しかし、一番重要なのが「採用」だと考えるからこそ、公開する意義があるのではないかと考え、今回最後の章でイマジナの「採用」についてご紹介することとしました。

エンパワーメントの根幹となる動きというのが、組織が向かうべき方向性を考え、描く未来の実現に向かって行動していくことです。

採用はもちろん、評価、教育などインナーブランディングとして従業員1人ひとりの会社や仕事に対する意識が高まることでお客様に喜ばれ、継続的に関係を構築できる。

そして結果としてブランドの価値が上がっていく……。

この、従業員、お客様、ブランドの可能性を高めていくエンパワーメント人材戦略につながる動きのスタートは、人への投資です。

そして、**そのスタートこそが「採用」である**のです。

この章では、最後に未来を考えるうえで重要な「採用」について、イマジナを例に挙げてコツを紹介していきます。

会社の想いをできる限り具体的に説明する

私たちの会社のブランドコンセプトは、「ここから先が、おもしろい。」です。

人が生み出す価値を、企業・組織の将来の価値創造につながる最重要資産と位置付け、「ここから先が、おもしろい。」を作っていく。

これが私たちの志であり、「私たちがなぜ仕事をするのか」の答えです。

そう思う企業を、人々を、増やしていくことが使命だと思っています。

イマジナと一緒にいると、いつもワクワクする。

ここから先、もっと面白くなりそうだ。

そんな期待を常に生み出し続けること。

自分たちの強みでもある価値をしっかりと伝えていきます。

コンセプトに合う優秀な人材を確保するためには、例えば、**第3章でもお伝えしたカルチャーブックなどを活用しながら、会社の想いや方向性をできる限り具体的に説明することを考え続けています。**

よく、「小さな会社だから良い学生が来てくれない」「うちは知名度が低いから……」といった話を聞きますが、それは完全に言い訳です。

実際、中小企業だろうと人気を集める企業はたくさんあります。

重要なのは、会社の想いや方向性を、自分たちが必要としているターゲットにいかにして届けるかを考えることではないでしょうか。

イマジナのパーパス

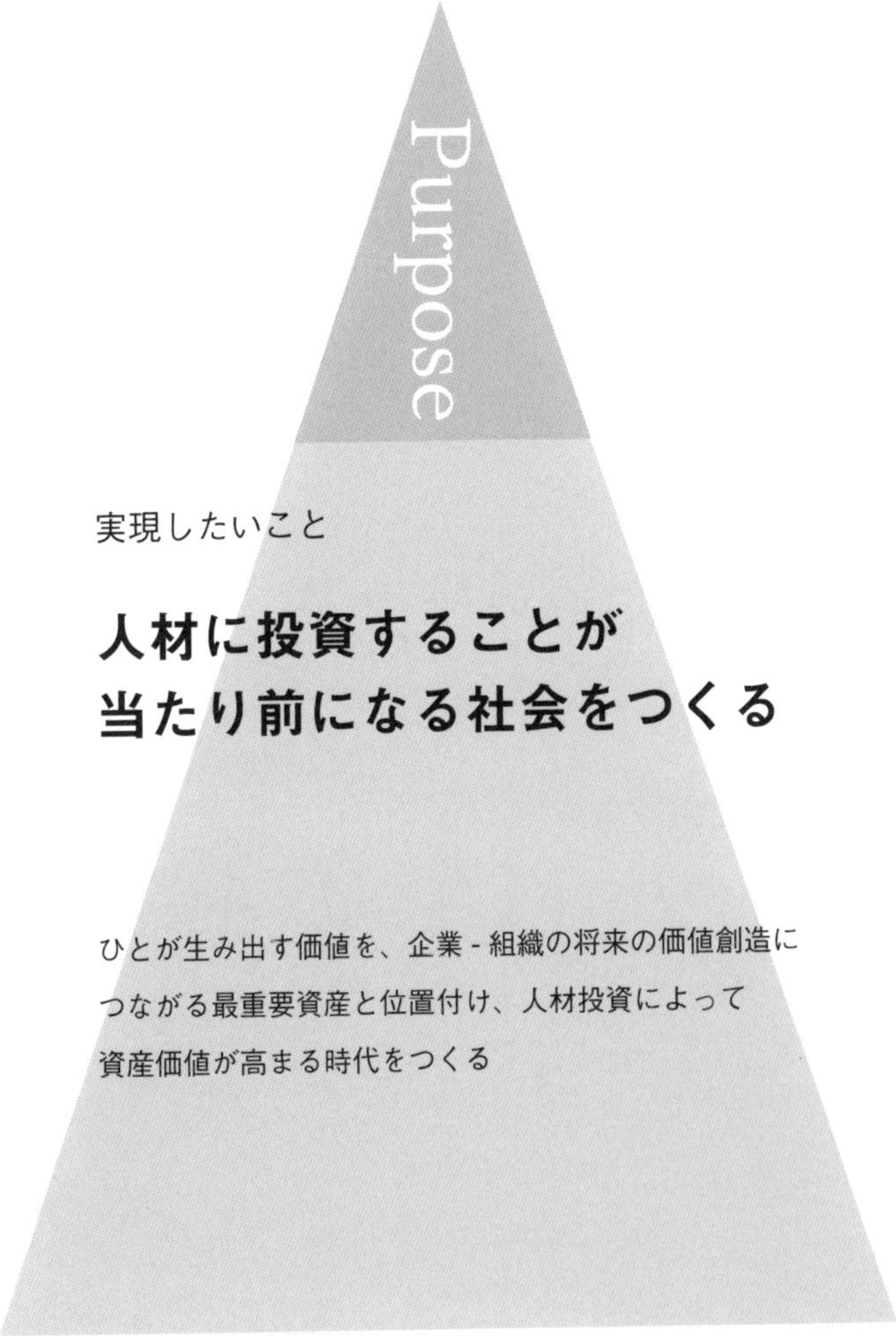

実現したいこと

人材に投資することが当たり前になる社会をつくる

ひとが生み出す価値を、企業 - 組織の将来の価値創造につながる最重要資産と位置付け、人材投資によって資産価値が高まる時代をつくる

入社1年目の従業員を採用に携わらせる

良い人材が活躍すれば、「類は友を呼ぶ」の法則で、また良い人材が集まる好循環サイクルに入ります。

新入従業員が2年目、3年目の従業員を見て、「あの先輩、イマジナに入って2年でこれだけできるようになったんだ」と思えば頑張る気持ちが生まれますよね。

ここで、「なんだ、たいしたことないな」と思われたら、その後は、たいしたことのない人が連鎖して入社してきます。

第2章でも、ミドル社員の重要性を述べました。

その意味で、**入社2〜3年目のミドル社員の教育に力を入れるのは大切なことです。**

ユニークな取り組みだと驚かれることも多いのですが、**私の会社では、1年目の新入従業員が、翌年入社する従業員の誰を採用するか自分で面談して決めていいことにしています。**

なぜなら実際にその従業員と働くのは、私ではなく入社1年目の従業員だからです。今注目されている、自社の社員から友人や知人などを紹介してもらうリファラル採用も有効だと思います。

自分とチームを組んで仕事をする人ですから、採用する側も自分ごととして、真剣に選びます。

そして何より、選ぶ経験をすることによって「選んだからには、良い仕事をしなければ」という責任感が湧きますよね。

「インターン」を実施して現場の様子を見る

私の会社で採用する場合は、先述した、エベレストを目指す人と高尾山を目指す人を見極める意味でも内定後のインターンを必須としています。

インターンは、会社とインターン生の双方がお互いを見極める期間になりますので、採用を見据えた取り組みとしては大変意義のあるものだと考えています。

インターンに定期的に来てもらうと、本当にエベレストを目指しているのか？　その覚悟があるのか？　は自然と見抜けるものです。

この人は続けるのが難しいだろうと判断した場合には、残念ではありますが内定を取り消すこともあります。

合わない職場で働くのは神経がすり減るものですから、早い決断は、長い目で見れば、会社にとっても、インターン生にとっても良い作用を及ぼします。

また、**インターンを活用するのは、会社の「早期の接点作り」につながる意味でも有効です。**

早くから会社を知ってもらえるので、入社後の「こんなはずではなかった」を最小限に抑えることにもつながります。

自社の大変さなど、ネガティブ要素も隠さず伝える

ネガティブな要素も隠さずに伝えるその意図は、**どんな会社か、きれいごとなしに説明するという感覚が一番近いです。**

例えば、イマジナで従業員の採用面接を行う場合は、仕事は緩くないし簡単ではないこと。そして、年次による昇給ではなく、成長に応じた昇給制度である。そういったことをしっかりと伝えます。

さらに、毎年新たなサービスを生み出し続けていく方針なので、一度覚えたら終わりなどということはありません。

あえて安定的な環境に身を置かず、常に新しいことに挑戦し続けることで成長につながるのだと考えています。

「はじめに」でもお話をしましたが、**私たちは「人」とまっすぐ向き合う仕事だからこそ、同じ仕事はないと考え、「いつもオーダーメイド」を基本としています。**

業界や業種もさまざまなクライアントや経営者といつでも真剣に向き合い続ける仕事をするということです。

イマジナが行う仕事の中には、数百人も数千人も抱える従業員がいる中で、経営不安をクライアントと共に、自分ごととして考え取り組んでいくようなものも多くあります。

企画力、発想力、マネジメント力が不可欠で、毎回0から1を作る気持ちで挑む性質のものです。

このとき、安定的な環境に身を置いてしまうと、とたんに作業やタスクをこなすだけの人が増えてしまうのです。

もしかすると、私自身そういう誘惑に心が動かされてしまうかもしれません。

チャレンジしない企業は、自分で考えて取り組む仕事を自ら進んで減らしていたりするものです。

自分の頭で考える仕事が少なくなると、良い従業員も集まりません。

このような環境では、チャレンジしたい人が会社を去ってしまいます。

常に危機感を抱き、毎回崖っぷちのような状況でどこまでできるかを試すことこそ、「人」と真剣に向き合い続けるためには必要な態度だと考えます。

ここまで赤裸々に話をして、それでも「そういう仕事をしたい」という人に来てもらいたいと思っているのです。

ここまでお話をした時点で、「そこまでハードなら、やっていくのは無理かも」と思う人がいたら、もちろん、その気持ちを尊重します。

他に合う場所があるはずですから、そちらで活躍してもらえば良い話です。お互いにとってもベストでしょう。

こうして、マイナス面まで含めて隠さずに話すことで、相手にとっても、この会社が自分にとって合うのかどうか判断しやすくなります。

入社後、5年間のキャリアパスを描く

イマジナでは、**入社した従業員が5年間で何ができるようになるか、どれだけ成長できるかを明確に説明する**ようにしています。

1年目は、私たちが大事にしている想い、つまり「人と向き合う」ことを実践的に学んでもらいます。

企業が本当に大切にしたい想いとは何か、人と向き合うとはどのようなことか、自分ごととして徹底的に吸収する期間です。

2年目になり、向き合うことについて学んだ後は、仮説を立てて検証する期間です。クライアントに対して、何が課題か見つけ出し、次なる打ち手を考えられるようになる訓練を重ねます。

実際にお客様の前で提案することで反応をいただけるため、自分自身が何に気づいていなかったのか、洞察力も深められます。


3年目では、独り立ちの第一歩を踏み出します。

プロジェクトを遂行するにあたり、ディレクターとしての能力を高めます。

対クライアントだけでなく、対パートナー、対自社の後輩など、さまざまな関係者の調整能力を高めます。


4年目では、プロジェクトを飛び越え、その企業のビジネス形態などを深く理解し、共に未来を描く力を高めます。

言語化されていない企業の無形資産を最大限に引き出し、その企業にとっての最適解を決断できるようになります。

分析から仮説を立てること、そして意思決定するまでの責任を担い、プロジェクト運営の質をいっそう上げることを目指します。

5年目はイマジナでの集大成を迎えます。

このころになると、クライアント先の社外取締役や役員を務めるほどに能力が高まっています。

人と向き合い続けてきた経験が次々と実を結び、自身の器がいちだんと広がっていることを実感する時期にもなります。

ビジネス的なスキルだけでなく、仕事への姿勢や人として大切にすべき価値観を形成し、社内外の人の育成を担います。

ここから先は、イマジナ内で貢献するだけでなく、日本企業の成長への貢献、次世代への価値提供を行い、さらに活躍の場を広げていきます。

このように、**入社前に、5年間のキャリアパスを描けるようにする**のです。

5年間を一区切りとしたその後はどうするか。

独立したい人には独立支援金を提供します。

家業がある方は、家業を継ぐ場合もあります。
あるいは、パートナー企業に社内取締役として送り出すこともあります。
もちろん、このまま会社に残って精鋭部隊の一員として働いてくれるのも大歓迎です。

「5年経って、これから！　というときに辞めてしまったら、会社にとっては大きな損失にならないか？」と聞かれることがあります。

しかし、私のような中小企業が大手代理店らに負けずに優秀な人材を集めて戦おうと思ったとき、「それでも、うちの会社に来る価値」を考え続けなければなりません。

私の会社が大手に負けずに戦っていくには、大手に入ったときに得られる以上の発想力、企画力を仕事の中で成長機会として、提供しなければならないのです。

ハーバード大学、東京大学、無名の大学と選択肢がある中で、無名の大学に行くなら、何を学べて、そこから得られる価値は何かを明確にしなければ、よほどの強みがなければ絶対に人は集まらないのと、同じことです。

イマジナの採用時の強みは、「さまざまな企業の経営者と仕事をすることで、成長できる」「入社5年間で、ブランディングや企業経営に関してなら、どこに行っても通用する人材を育てる」ことです。

そこを約束し、かつ、実行して初めて、良い人材が集まるのだと考えています。

おわりに

本書では、時代は急激に変化しているという話をしました。
変化し続ける正解は過去を探しても絶対に見つかりません。

かく言う私自身にも正解はわからない。
でも、学び続け、探し続けることはできます。

こんなことができるかもしれない、あんなことができるかもしれない。
そうして探していく中で新しい武器をいち早く手に入れることができれば、それだけ勝機は広がります。

そこには東京も地方も、会社の大小も関係ありません。

イマジナはどうして地方にまで手を広げて、企業のコンサルティングに注力し始めたのかと聞かれることがあります。

その理由は、地方にしかない可能性を新しく模索することは、過去の成功を持続させることを考えるよりも、ずっと大きな可能性を秘めていると考えているためです。

そして、**地方にはまだまだたくさん、「人」の可能性で生まれ変わるチャンスが眠っていると考えているから**です。

また、私は自分が山梨県出身だということもあって、日本の地方に強い思い入れがあるからという理由もあります。

とくに、長く続くデフレに少子高齢化も相まって、日本の経済力が相対的に低下するようになってからは、その影響をより強く受け疲弊の度合いが激しい地方をなんとか活性化させたいという想いが、年々自分の中で高まってくるのを感じています。

私が年間150回も、日本各地でセミナーを開催するのには、そういう理由があります。

企業が成長することで地域が活性化し、人が集まり、活力を取り戻せば、今は低迷している日本の経済も、必ず息を吹き返す。

それだけの底力が、日本の地方には眠っているのです。

それを掘り起こし、火を点《つ》け、爆発させる。

どんな困難であっても、「人」に力があれば、乗り越えることができる。

「人」こそが、何を差し置いても重要な投資先であるはずです。

そんな、この国の未来に向けた大事業を一緒にやっていきませんか。

繰り返しになりますが、**企業は営利団体ですが、同時に社会価値を提供しなければ存在し続けられない組織でもあります。**

「人」の力で会社を、そして社会を変えていく。

私たちはこれからもそのために尽力します。
私たち1人ひとりには、それを実現できる力が備わっているのですから。

株式会社イマジナ代表取締役社長　関野吉記

関野吉記（せきの　よしき）
株式会社イマジナ代表取締役社長。15歳で単身アメリカに留学。イギリスに渡り演出家として学びを深め、イタリアで演出の仕事に携わる。その後、ビジネスの領域に転換。経営における企業ブランディングの必要性を痛感し、26歳のときにNYで株式会社イマジナを設立。世界では一般的な「インナーブランディング」を日本の文化にアジャストし確立した。社員の誇りを醸成する組織戦略に、舞台演出で身に付けた「魅せ方」の手法を結びつけたブランドコンサルティングで、すでに2,700社以上の実績を上げている。近年は社員共感型ブランディングを推奨し、企業の核となる管理職や若手の育成に力を入れ、「人材に投資することが当たり前になる社会をつくる」ために、日本企業のグローバルブランド化を推し進めている。
株式会社イマジナHP　https://www.imajina.com/

エンパワーメント 人材戦略《じんざいせんりゃく》
地域《ちいき》に愛《あい》される企業《きぎょう》の「社員育成《しゃいんいくせい》と経営《けいえい》」

2023年２月21日　初版発行

著者／関野《せきの》 吉記《よしき》

発行者／山下 直久

発行／株式会社KADOKAWA
〒102-8177　東京都千代田区富士見2-13-3
電話　0570-002-301（ナビダイヤル）

印刷所／図書印刷株式会社

ISBN 978-4-04-605956-7　C0034